Abtreibung und Reinkarnation

Reinhard Lier

Abtreibung und Reinkarnation

Ein Beispiel

LIER-VERLAG

Reinhard Lier
Abtreibung und Reinkarnation
Ein Beispiel

1. Auflage 1993: 1. bis 2. Tausend

LIER-VERLAG
Jochenmattweg 22
76532 Baden-Baden

Direkte Bestellung über:
Tel.: 07221-18 03 98
Fax: 07221-18 03 99

Satz und Gestaltung: Reinhard Lier
Lektorat: Jürgen Herrmann
Druck: Peter Naber, Hügelsheim
ISBN: 3-929240-08-4

1. Teil

Ein Beispiel:

Schicksal einer abgetriebenen Seele nach einer wahren Begebenheit

2. Teil

Betrachtungen und Schlußfolgerungen

GOTT in Jesus Christus
danke ich für all die
diesseitigen wie jenseitigen Helfer,
in denen ER gewirkt hat,
um dieses Buch zustande zu bringen.
Möge alles dazu dienen,
Seelen in die vergebende Liebe
zu führen.

Vorwort

Abtreibung und Reinkarnation, was können diese beiden scheinbar so grundverschiedenen Themen miteinander zu tun haben?

Eines ist sicher: Beide Themen haben schon zu hitzigen Diskussionen, ja, fast zu einem Glaubenskrieg geführt. Gelingt es uns, den Menschen in seiner Ganzheit von Körper, Seele und Geist neu zu begreifen und ihn in der seiner Tiefe zu erfahren, wird die Möglichkeit der Reinkarnation, das heißt die Rückkehr auf diese Erde als individuelle Seele in verschiedenen Körpern sprich Erdenleben, zunehmend faßbarer. Dabei will ich nicht ausschließen, daß es Seelen gibt, die nur einmal hier auf dieser Erde inkarnieren und somit den Eindruck haben müssen, Reinkarnation sei für sie kein Thema.

Der Vorgang der Kindestötung wird im Lichte der Reinkarnation in ein erweitertes Blickfeld gerückt. Getötet wird immer "nur" ein Körper, in den eine Seele inkarnieren möchte. Dieser Seele wird die physische Grundlage entzogen, um wichtige Erfahrungen hier auf Erden sammeln zu können. Sie erleidet sicherlich in den meisten Fällen schwere Qualen (Ausnahmen mag es geben, denn jeder Mensch erlebt einen bestimmten Vorgang immer einmalig und individuell verschieden), und diese schmerzvolle Last schleppt sie mit sich bis in eine neue Inkarnation hinein. Wo Menschen aneinander handeln, werden sie schuldig und haben ebenso die Chance, diese Schuld in neuen Begegnungen zu sühnen - sich auszusöhnen. Dies soll in diesem Buch an einem Beispiel verdeutlicht werden.

Seit dem Erscheinen dieser Erzählung im Jahre 1987 haben ungefähr 10.000 Exemplare viele aufgeschlossene Leser und Leserinnen gefunden. Manche Abtreibung durfte mit Hilfe dieser ungewöhnlichen Perspektive ein Stück weit aufgearbeitet und im Sinne der Wiedergutmachung ausgeheilt werden. Viele Frauen sind durch Abtreibungen körperlich und seelisch schwer verletzt worden, ganz gleich, in welchem Maße sie Verantwortung zu tragen haben. Und viele Männer, insbesondere Väter und Ärzte, haben sich mitschuldig gemacht: gegenüber den betroffenen Frauen wie den abgetriebenen Seelen.

Die folgende Erzählung möchte verborgene Zusammenhänge aufzeigen, um Licht in dieses dunkle Feld der Schmerzen und Qualen zu bringen, damit deutlich wird: Abtreibung betrifft uns alle. Sie zeigt unsere ehrliche Haltung dem Leben, dem Menschen gegenüber. Sind wir bereit, uns dienend für das Leben einer Seele einzusetzen? Sind wir willens, uns für Mutter, Kind und Vater zu engagieren? Es kann nicht angehen, gegen Panzer und Raketen zu protestieren und zugleich für die Legalisierung der Abtreibung zu stimmen. Eine solche Haltung ist im tiefsten Sinne schizophren und zeugt von seelischer Blindheit! Deshalb tut Aufklärung not. Gewiß, wir sind dabei, die seelische Dimension des Seins langsam wiederzuentdecken. Doch fehlt dann immer noch die geistige, spirituelle Dimension. Dieses Buch hieß zuerst »Wenn du Vergebung suchst«. Wir kommen um die Schuldfrage nicht herum, wenn Schuld drückend auf uns lastet und eine Psychose oder Depression uns eingeholt hat. Was dann? Es wird uns nicht gelingen, den einzig verbindlichen Wert des Seins auszuklammern. An diesem Wert und Sinn, der *Liebe*, scheiden sich die Geister. Möge die auf uns lastende Lieblosigkeit von eben dieser göttlichen Liebe umgewandelt werden. Wir alle sind, jeder auf seine einmalige Weise, betroffen.

1. Teil

Ich habe anderen Menschen Leid zugefügt
und habe selber gelitten.
Ich durchlebte Geburt und Tod.
Ich verneinte und bejahte manches Ding.
Ich kämpfte und wurde bekämpft,
erlebte Krieg und Frieden.
Daraus entsprang die Sehnsucht nach dem,
was nur schwerlich zu beschreiben ist.
Manche nennen es Liebe - bedingungslose Liebe.

Die Namen aller Beteiligten dieser Erzählung, die auf wahren Begebenheiten beruht, wurden mit Rücksicht auf noch im Diesseits lebende Seelen geändert. Auch die Ortsangaben wurden in diesem Sinne umgestaltet.

Einleitung

Wiederholt habe ich, Richard Lilienthal, mir die Frage gestellt, ob das, was ich im folgenden zu schildern versuche, wirklich der Wahrheit, zumindest der von mir subjektiv durchlebten und durchlittenen Wahrheit entspricht.

Das Erkennen einer Wahrheit, eines wahren unangenehmen Geschehens, macht betroffen, trifft die Seele in ihrem tiefsten Innern. Interessant ist hierbei das Phänomen der sogenannten »allergischen Reaktion«. Ein Mensch reagiert nur auf *das* allergisch (seelisch-emotional überschießend oder auch körperlich abwehrend), was in seinem Unterbewußtsein noch als unaufgearbeiteter Konflikt vorhanden ist. Mit einer allergischen Reaktion wird ein schmerzvoller »wunder Punkt« der Seele berührt, eine Problematik der Vergangenheit drängt in die bewußten Schichten des Ichs.

Diese Bewußtwerdung der persönlichen Schicksalswahrheit ist ein Leidensprozeß, der die Seele schwer erschüttert und aus dem Gleichgewicht bringt. Genau dies erlebte ich seit meiner frühesten Kindheit in solch einem Ausmaße, daß mich diese schmerzvollen Erinnerungen veranlaßten, die eigene Vergangenheit genauer kennenzulernen. Wenn ich rückblickend meinen Weg durch alle Schickalswirren betrachte, so spielt das Erleben des Abgetriebenwerdens zwar eine bedeutsame Rolle, doch erkenne ich es immer mehr als nur *ein* Geschehen im unendlich viel größeren Schicksalsgeflecht. Dieser Abtreibung ging vieles voraus, und ich erlebte auch ihre Folgen, wenn ich so sagen darf, in meinem späteren bzw. heutigen Leben. Dabei war die wichtigste Erfahrung, daß die Seele ab der Befruchtung der Eizelle mit ihrem sich aufbauenden Körper eine enge Verbindung eingeht und aus der körperlichen Perspektive heraus alle Einflüsse der Umgebung wahrzunehmen in der Lage ist. Also haben wir es dann mit einem Menschen in seiner körperlich kleinsten Form zu tun.

Die weise höhere Führung, die ich als göttliche Liebe empfinde, hat mir in gnadenvoller Weise Einblick gewährt in die Sinnhaftigkeit meiner Schicksalswege, über die ich im 1. Teil dieses Buches berichten möchte.

Die amerikanische Mutter

Beginnen möchte ich mit der Geschichte meiner ersten Mutter, jener Frau, die aufgrund einer großen seelischen Not eine Abtreibung hatte vornehmen lassen.

Margarete Lambrecht, ungefähr 1924 in Mitteldeutschland als zweites Kind einer Lehrerfamilie geboren, lernte in den Jahren des Zweiten Weltkrieges den jungen Arzt Dr. Jürgen Eichenfeld kennen. Diese Verbindung war mit manchen Konflikten belastet, da Dr. Eichenfeld hin und wieder mit Selbstmord drohte, falls Margarete ihn je verlassen sollte. So kam es in den Kriegsjahren noch zur Hochzeit. Gegen Ende des Krieges wurde Dr. Eichenfeld als Lazarettarzt eingezogen und kam in Frühjahr 1945 beim Einzug der Amerikaner ums Leben. Zur selben Zeit bemerkte Margarete Eichenfeld, daß sie schwanger war und gebar Anfang 1946 einen Sohn mit Namen Anton. Er lebte meist bei Margaretes Schwiegereltern, Martha und Karl-Friedrich Eichenfeld, in einem kleinen Städtchen in Mitteldeutschland.

In den schweren Nachkriegsjahren bekam Margarete die Gelegenheit, mit einer Freundin für eine begrenzte Zeit nach Amerika zu reisen. Ihre Freundin kehrte bald zurück, doch Margarete blieb ab Ende der vierziger Jahre in Amerika, um für sich und ihren Sohn eine neue, bessere Existenz aufzubauen. Als gelernte Schneiderin bekam sie in einem kleinen Ort im Mittleren Westen der USA bald eine Anstellung. Ihren Sohn Anton wollte sie so bald wie möglich nachholen, wozu es aber aus verschiedenen Gründen nie kam.

Anfang der fünfziger Jahre heiratete Margarete den Bauzeichner und Farmer James Miller und wurde ungefähr Mitte der fünfziger Jahre schwanger. Ständig war sie mit ihrem in Deutschland lebenden Sohn Anton brieflich wie telefonisch in Verbindung geblieben. Als sie ihre Schwangerschaft bemerkt hatte, telefonierte sie mit Anton und fragte ihn, wie er es fände, wenn er noch ein Brüderchen oder Schwesterchen bekäme. Anton reagierte hierauf völlig kopflos und drohte, daß er sich dann umbringen würde - wohl aus Angst, ganz abgeschoben zu werden, wollte er neben sich keine Geschwister dulden. Diese Reaktion ihres Sohnes stürzte Margarete in große Verzweiflung, so daß sie recht bald die Schwangerschaft abbrechen ließ. Die abgetriebene Seele war ich, Richard Lilienthal, der ich fast zwanzig Jahre später dieser meiner amerikanischen Mutter wiederbegegnen sollte und sie sofort halbbewußt als »meine Mutter« erkannte. Doch weitere Einzelheiten sollen an späterer Stelle folgen. Ich möchte zunächst chronologisch fortfahren.

Margarete Miller blieb in Amerika und besuchte ihren Sohn Anton gelegentlich zu Weihnachten oder in der Sommerzeit bei seinen Großeltern. Anton war auch öfter in den Sommerferien bei seiner Mutter in den USA, verstand sich gut mit ihrem zweiten Mann und wäre gern drüben geblieben. Allein aus Rücksicht auf die Großeltern, die den einzigen Sohn im Krieg verloren hatten, fuhr Anton wieder zurück, was ihn immer tiefer in seelische Konflikte führte. Aus diesen Jahren stammt auch eine Anfrage bei einer Lebensberaterin einer Zeitung, wie er sich in seiner besonderen Situation verhalten solle; er wolle weder seinen Großeltern noch der Mutter wehtun.

Stammbaumübersicht zur Verdeutlichung

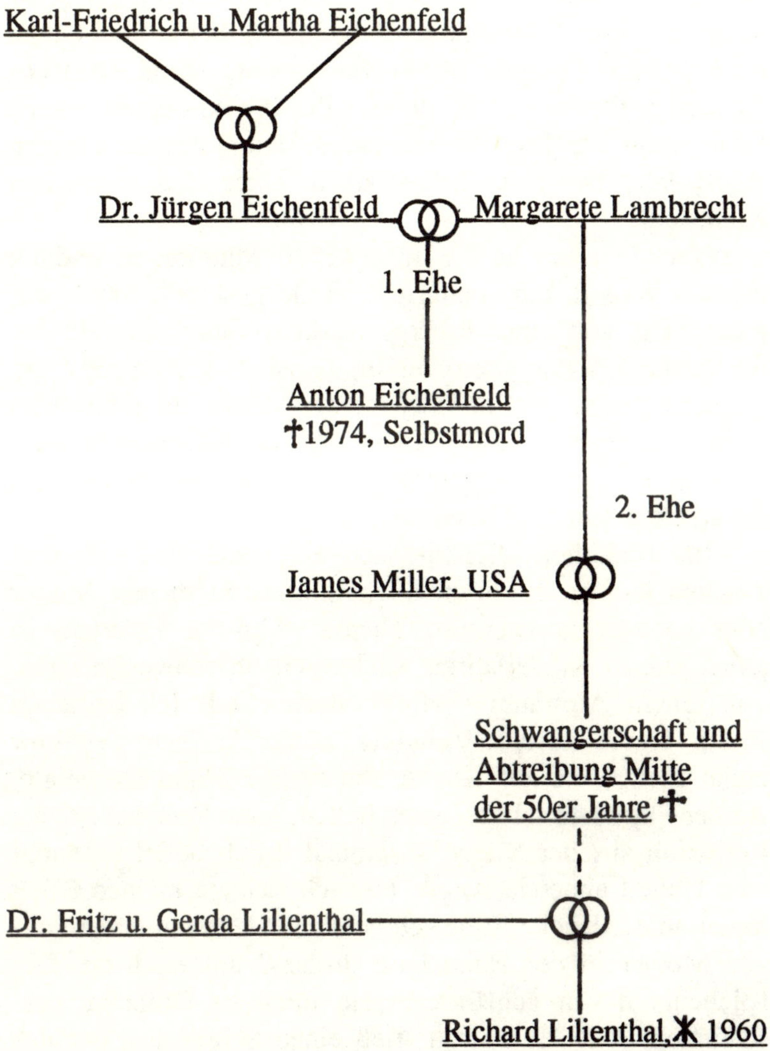

Die Geburt des Richard Lilienthal

Wir schreiben das Jahr 1960. Anton Eichenfeld besucht die Oberschule. In dem kleinen Städtchen, in dem seine Großeltern wohnen, hatte sich zwei Jahre zuvor der Apotheker Dr. Fritz Lilienthal niedergelassen. Seine Frau Gerda erwartet im Frühjahr 1960 das zweite Kind, welches Richard heißen wird. An diesem Punkt also beginnt meine Inkarnation als Richard Lilienthal, Sohn des strebsamen Apothekers Dr. Fritz Lilienthal in einer mitteldeutschen Kleinstadt.

Nachdem ich an einem frischen Maimorgen endlich meinen Weg in eine materielle Hülle geschafft hatte, war mein Start von einer Rückgratverkrümmung überschattet. So mußte ich eine Zeitlang im Gipsbett verbringen - zu meiner eigenen Qual und der meiner Mutter, die mich dann in einer gewagten, stürmischen Aktion aus jenem Korsett befreite. Es folgten regelmäßige Turnübungen, worauf sich der Rücken sehr bald besserte.

Im Rückblick offenbart sich mir heute, wie früh sich Zeichen meines gestörten Verhältnisses zu meiner Mutter oder genauer gesagt zum Thema »Mutter« äußerten. In jenen jungen Kinderjahren wachte ich oft schweißgebadet, von einem Alptraum verfolgt, nachts auf. Ich betrat in jenem Traum unsere Wohnung, mußte langsam den Flur entlanggehen bis zur Küche, die rechter Hand abzweigte. An der Flurwand sah ich einen hellen, roten Feuerschein, als Reflexion aus der Küche kommend. Mich befiel jedesmal eine Unheil ahnende Angst, und ich richtete meinen Blick hinein in die Küche: Eine schreckliche Hexe mit einem langen Messer in der Hand kam drohend auf mich zu. Der Küchenofen war geöffnet, bereit, mich als Opfer zu verschlingen. Jene Hexenfrau stieß einen Schrei aus, der das

Ende meines Lebens bedeutete. Ich erwachte immer an diesem Punkt und wurde von der Angst geplagt, erneut einzuschlafen und dieser Hexe begegnen zu müssen.

Die Hexenfigur steht für die das eigene Kind tötende Frau. Den geöffneten Ofen sehe ich als Gebärmuttersymbol, etwas soll »ausgebrütet« werden, aber die Brutstätte ist vorzeitig geöffnet worden; das Messer als Symbol der Trennung ist zum Todeswerkzeug geworden. Die Küche stellt den Operationssaal dar, der Feuerschein schafft eine Atmosphäre der Höllenqual. Auch spürte ich zeitlebens eine Abneigung gegenüber Zärtlichkeiten meiner Mutter, die nur fassungslos diesem Phänomen gegenüberstand.

Ich wuchs auf, oft geplagt von Minderwertigkeitsgefühlen, empfand mich irgendwie fehl am Platze, und immer, wenn das Jahr am Silvesterabend zu Ende ging, überkam mich eine lebensverneinende, pessimistische Gewitterwolke, die sich in dunklen Vorahnungen und wehleidigem Weinen und Klagen entlud. Ich muß damals gefühlt haben, daß vor mir noch ein schwerer Weg lag, auf dem mich viele körperliche Krankheiten und seelische Kämpfe erwarteten. Wohl mit knapp zwei Jahren wurde ich das Opfer eines Krankenhausaufenthaltes über mehrere Tage, und noch heute höre ich mein Weinen und Schreien, als mich meine Eltern allein in jenem Gitterbettchen zurückließen. Die Zimmertür schloß sich, und der Schutz der Eltern war mir entzogen. Eine Welt des ungestörten Urvertrauens brach zusammen. Für mich war es unfaßbar, allein gelassen zu werden. Ich erlebte wirkliche Ohnmacht, völliges Ausgeliefertsein an fremde Menschen.

Richard begegnet Anton, seinem Halbbruder

Mein Vater pflegte in seiner Apotheke junge Menschen auszubilden, und als ich sechs Jahre alt war, bewarb sich Anton Eichenfeld, Margaretes Sohn, bei uns als Praktikant. Ich lernte nun den Menschen kennen, dem ich das Abgetriebensein mit "zu verdanken" hatte. Doch der Schleier des Vergessens war Gott sei Dank so dicht und fest, daß ich mit ihm in freundschaftlicher Weise in den Mittagspausen gelegentlich zusammentraf. Dieses Nichtwissen um die eigene Vergangenheit sehe ich als eine große Gnade an, denn nur so kann eine belastete Seele relativ unbeschwert liebevolle Beziehungen zu den Mitmenschen neu aufbauen.

Wie ich später erfuhr, hatte Anton nach seinem Studium wegen einer unglücklichen Liebesbeziehung zwei Selbstmordversuche mit Tabletten unternommen, die aber noch rechtzeitig von der Großmutter entdeckt worden waren. Anton litt sehr unter der Trennung von seiner Mutter, die er fast jährlich in Amerika besuchte. Das Abschiednehmen wurde jedesmal zu einer qualvollen Tortur, denn sein Wunsch, in Amerika zu bleiben, war übergroß.

Ab dem 6. Lebensjahr litt ich während der Sommerzeit an Heuschnupfen und verbrachte die meiste Zeit in einem leicht abgedunkelten, kühlen Zimmer oder auch in den Ferien an der Ostsee, was eine spürbare Erleichterung brachte. In diese Zeit fallen auch meine ersten Äußerungen meinen Eltern gegenüber, daß ich eines Tages mal nach Amerika gehen würde. Diese nahmen das Gesagte aber nicht weiter ernst.

Anton Eichenfeld bestand inzwischen sein Apothekerexamen und schrieb an seinem Doktorthema. Kurz vor Weihnachten 1973, an einem Sonntag vormittag, besuchte er uns. Ich sehe diese denkwürdigen Szenen noch genau vor mir: Anton war sehr pessimistisch, lebensverneinend, was er auch im Gespräch mit meiner Mutter deutlich kundtat. Er muß zutiefst verzweifelt gewesen sein. Heute ist mir klar, wie sehr diese Begegnung ein letzter Hilferuf Antons war. Später erfuhren wir, daß er schon lange drogensüchtig gewesen war. Ich sprach auch mit ihm, und er erzählte mir von seiner Mutter in Amerika, die dort eine Farm mit vielen Tieren habe. Von seinen Schilderungen war ich sehr ergriffen und fragte mich, warum er um alles in der Welt nicht bei seiner Mutter in Amerika sei. Ich erinnere mich genau, wie sehr ich mir bei seinen Beschreibungen gewünscht hatte, an seiner Stelle zu sein, eben eine Mutter mit Farm und Tieren in Amerika zu haben. Dieses Gespräch hatte halbbewußt erste vorgeburtliche Erinnerungen in mir wachgerufen, und ich beneidete Anton ein wenig.

Im Frühjahr 1974 geschah etwas Fürchterliches: Anton Eichenfeld beging Selbstmord. Ich weiß noch, wie an einem Mittag drei Herren von der Universität in das Geschäft meines Vaters kamen und die traurige Botschaft überbrachten. Dann wurde seine Großmutter verständigt, und meine Eltern versuchten, Antons Mutter in Amerika telefonisch zu erreichen. Die Verbindung war über die weite Entfernung schlecht. Noch heute höre ich meine Mutter den Satz »Anton is dead« ins Telefon schreien. Es traf uns alle wie ein schwerer Schlag: Der erfolgreiche, an seiner Doktorarbeit schreibende junge Apotheker hatte wegen einer unglücklichen Liebesbeziehung seinem Leben ein Ende gesetzt. Seine Freundin erzählte später, wie Anton ihr mit Selbstmord gedroht habe, falls sie ihn verlassen würde. (Dieselbe Drohung hatte sein Vater, Dr. Jürgen Eichenfeld, 30 Jahre vorher gegenüber Margarete ausgesprochen).

Richard begegnet seiner amerikanischen Mutter

Nun überstürzten sich die Ereignisse für mich: Antons Mutter, Margarete Miller, kam mit ihrem Ehemann aus Amerika nach Deutschland, um ihren Sohn zu beerdigen. Von dem Moment an, als ich sie das erste Mal sah, war in mir nur noch ein Gedanke und Wunsch: »Ach, wenn das doch meine Mutter wäre!« Es bestand eine magische Anziehung, die auf Gegenseitigkeit beruhte. Für Margarete war ich nun gewissermaßen der Ersatzsohn. Sie und ihr Mann James waren meine Wahleltern geworden. Mit ihnen zusammen erlebte ich eine wunderbare Zeit, die mich eigenartig, ja traumhaft berührte. Margarete wollte mir plötzlich ihre Farm vererben, und ich sollte sie möglichst bald in Amerika besuchen. Da ich erst 14 Jahre alt war, wollten meine Eltern wenigstens bis zu meinem 16. Geburtstag warten, ehe sie mich hinüberreisen reisen lassen wollten.

Im Jahre 1975 kam Margarete wieder nach Deutschland zu ihrer Schwiegermutter zu Besuch, und wir waren viel zusammen. Sie erzählte von Amerika, der Farm und den Tieren. Wir beide liebten Pferde und das Landleben sehr, und ich selber hatte schon mit zehn Jahren das Reiten angefangen.

Ab 1974, also kurz nach Antons Tod, besuchte ich fast jede Woche Margaretes alte Schwiegermutter, bei der dann ein festes Ritual für mich ablief, das ich immer sehr herbeisehnte: Zunächst hörte ich mir die alten Geschichten an, die Martha Eichenfeld regelmäßig wiederholte. Dann bat ich sie, das Kästchen mit den Fotos aus Amerika hervorzuholen und mir Näheres über die Farm und das Leben dort, das sie selbst nur aus Briefen und Erzählungen kannte, zu berichten. Die Fotos übten eine starke Anziehungskraft auf mich aus. Eine andere Welt, zu der ich mich sehr hingezogen fühlte, strahlte mir entgegen.

Antons nächtliche Besuche

Mit dem Tod Antons stellte sich bei mir eine sehr eigenartige Alptraumserie ein, die mich von nun an über viele Jahre schwer belasten sollte. Ich nannte dieses Phänomen »Spiraltraum«, und zwar bewegte ich mich spiralförmig nach oben zu einem Punkt hin, an dem die Spirale abbrach und ich in eine tödliche Tiefe stürzte. Von dem Gefühl überwältigt, mein Leben verwirkt zu haben und mich umbringen zu müssen, wachte ich auf. Doch wurde ich selbst im Wachzustand dieses Zwangsgefühl nicht los, mich wirklich mit einem Messer umbringen zu sollen. Zwanzig bis dreißig Minuten lang spürte ich nach diesem furchtbaren Traum den Befehl in mir, mein Leben endlich zu beenden. In meiner Not kroch ich meist in das Bett meines Vaters, wo ich mich schnell erholte. Heute ist mir klar, was geschehen war: Die Seele Antons hatte mich, der ich sensibel und offen und vor allem karmisch mit ihm verbunden war, aufgesucht. Er übertrug das qualvolle Gefühl des Selbstmordes auf mich, um irgendwie Erleichterung zu erfahren. Die meisten Seelen im Jenseits wissen nicht, daß sie gestorben sind, da sie an ein Weiterleben nach dem Tode nicht glauben. Besonders Selbstmörder übertragen die Gefühle des Sichumbringens auf noch im Diesseits Lebende. Sie meinen, endlich von ihrem Leiden befreit zu werden, wenn sich ein Mensch mit ihnen bzw. für sie umbringt. Über viele Jahre suchte Anton mich regelmäßig auf, meist im Abstand von zwei bis vier Wochen. Jedesmal war es grauenvoll, weil ich diese Zwangsgedanken als so schrecklich real empfand.

Es handelte sich um eine Form des Fremdgesteuertseins, was ich damals aber ohne das nötige Hintergrundwissen nicht durchschaute.

Die vier Reisen nach Amerika

Im Jahre 1976 fieberte ich meinem ersten Besuch in Amerika entgegen. Wie ein Besessener hatte ich mir die ersten Englischkenntnisse angeeignet, was mir auffallend leicht fiel. Doch bevor ich losfuhr, spürte ich in mir den Drang, eine Art Ritual zu vollziehen. Ich fällte eine sehr schöne Birke in voller Blüte, die ich selber mal gepflanzt hatte. Dann zerstückelte ich den ganzen Baum und nahm ein Stück des Stammes mit nach Amerika, um ihn dort zu verbrennen und die Asche dann mit dem Boden zu vereinen. Heute erkenne ich die bestechende Symbolik, die in diesem Vorgang lag: Ich versuchte mich selber im Bilde des Baumes nach Amerika zu verpflanzen. Dies aber ging aufgrund der Abtreibung nicht ohne die Tötung des Baumes bzw. die Zerstückelung meiner selbst. Zur einstigen Tötung in Amerika wurde nun spiegelbildlich die Tötung des Baumes in Deutschland vollzogen. Ein Stück des Stammes verbrannte ich später auf der Farm und vermischte die Asche mit der Erde meiner eigentlichen Heimat. Ich war damit auch symbolisch zurückgekehrt und empfand ein Stück Frieden.

So fuhr ich mit meinem Birkenstamm im Gepäck nach Frankfurt, und von dort ging es per Flugzeug nach Chicago. Spät abends kam ich am Zielort an. Margarete und James begrüßten mich aufs herzlichste. Eigenartigerweise war James sehr verändert, was mir Margarete in deutscher Sprache gleich mitteilte. Er redete sehr viel, war extrem fröhlich, was später wieder mit einer depressiven Phase abwechselte.

Es muß sich um eine manische Depression gehandelt haben, denn im Schub der Manie wollte er mir alles mögliche kaufen und Haus und Hof schenken.

Wir fuhren mehrere Stunden mit einer großen Limousine, bis wir endlich um ein Uhr morgens in der kleinen Stadt im Mittleren Westen der USA angelangt waren. Am darauffolgenden Vormittag ging es hinaus auf die Farm, und ich erinnere mich, wie ich alles in magisch-traumhafter Deutlichkeit sah. Straßen, Häuser, Bäume, Telegraphenmasten, Felder und Tiere, alles erschien mir irgendwie vertraut. Ich fühlte mich am Ziel meiner Suche, hier wollte ich bleiben.

Doch dann geschah etwas, was mich sehr irritierte: Kam ich im Gespräch mit Margarete auf Themen wie Tod und Jenseits, Glaube und Religion, spürte ich ihre Ablehnung, ja, sie hielt all das für nette Kindermärchen, denn mit dem Tode sei alles vorbei. Höchstens sei es so, daß Eltern in ihren Kindern weiterlebten, was ihr aber durch Antons Selbstmord nicht mehr möglich sei. Meinen Glauben an Gott, an ein Jenseits tat sie als Spinnerei, als unrealistisch ab. Mich verletzte dies sehr, und ich vermied diese Themen so gut es ging. Mir wurde deutlich, wie allergisch sie auf diese Dinge reagierte und wie verbittert sie war.

Gefühlsmäßig stellte sich bei mir ihr gegenüber etwas Weiteres zunehmend ein: Ich spürte Liebe und Haß zugleich, Anziehung und Abstoßung griffen ineinander. Ihr ging es offenbar genauso, denn in einem Moment hob sie mich in den Himmel durch viel Lob, im anderen stampfte sie mich in den Boden, indem sie mich laufend niederschmetternd kritisierte. Ich war ständigen Gefühlswechselbädern ausgesetzt, und trotzdem wollte ich unbedingt nach meinem ersten Besuch im darauffolgenden Jahr wieder zu ihr reisen, was auch sie sehr wünschte.

Der zweite Besuch im Jahre 1977 verlief noch schlimmer. Ich war fast drei Monate dort, da ich durch den Umzug meiner Eltern in ein anderes Bundesland eine Ferienverlängerung erhalten hatte. Es war paradox: War ich bei ihr, schwor ich mir, nie wieder nach Amerika zu fahren. War ich in Deutschland, setzte ich alles daran, nach Amerika zu kommen. Ich wollte drüben studieren, einen Beruf ergreifen und dann ganz auswandern. Englisch lernte ich spielend leicht, weil ich ja während Margaretes kurzer Schwangerschaft in einer englischsprachigen Umgebung gelebt hatte. Freiwillig lernte ich abends die englische Sprache und nahm Extrastunden bei einem Englischlehrer aus Großbritannien.

Als wir in Amerika eines Abends einmal auf das Thema »Abtreibung« zu sprechen kamen, sagte ich Margarete ganz deutlich, daß dies in meinen Augen Mord sei. Sie muß sehr betroffen gewesen sein. Ich wußte damals noch nichts von ihrer Abtreibung. Erst später, ich glaube 1978, erzählte mir meine Mutter in Deutschland von Margaretes Geständnis, eine Abtreibung vorgenommen zu haben.

Bei einem meiner Besuche spürte ich nach einem Alptraum wieder den Befehl in mir, mich umzubringen. Ich wollte und konnte Margarete von dieser Qual nichts erzählen und nahm dann ihren Hund zu mir, um wieder zu Kräften und zur Ruhe zu kommen. Anton hatte mich also bis nach Amerika verfolgt, wo er an meiner Stelle immer hatte leben wollen.

Meine Gespräche mit Margarete und James kreisten oft um das Thema »Auswanderung«. Ich erinnere mich an einen Abend auf der Farm, als wir über die Einwanderungsbedingungen sprachen und wie Margarete die Schwierigkeiten darstellte, in die USA zu gelangen. Ihrem Sohn Anton sei es genauso ergangen, er wollte in die USA übersiedeln, doch hätte er dann sein Studium ganz wiederholen müssen.

Ich war verzweifelt über diese schlechten Aussichten, ging allein in eine der weiten Wiesen und weinte bitterlich. Dies traf meinen Lebensnerv, ich fühlte mich im Innersten angegriffen, da ich hier auch wieder Margaretes Ablehnung mir gegenüber erkannte. Diese zwiespältigen Gefühle hatten etwas Zermürbendes und stürzten mich erneut in melancholische Untiefen, aus denen ich mich nur schwerlich befreien konnte.

Als ich 1979 mit 19 Jahren wieder drüben war, besuchte ich eine Schule in West-Virginia, wo ich studieren wollte. Dort erlebte ich einen seelischen Zusammenbruch, denn im Innern nahm ich eine Stimme wahr, die mir nahelegte, diesen Ort schnellstens wieder zu verlassen. Irgendwie war ich erleichtert, doch gab ich meinen Plan, in Amerika zu studieren, noch nicht auf.

Ein seltsames Ereignis, das ich in zwei Schocksituationen hatte, möchte ich noch einfügen. Ungefähr 1979 war ich in Deutschland von mehreren Jugendlichen, die gerade ein Auto gestohlen hatten, in meinem Wagen angefahren worden. Beide Autos kamen zum Stehen, und die Jugendlichen sprangen heraus und liefen davon. Ich war so überrascht, daß ich die Weglaufenden in englischer Sprache anschrie, ja für ein oder zwei Minuten nur Englisch sprechen konnte. In einer anderen schockhaften Situation war dies auch so geschehen. Irgendwie traten tiefere Seelenschichten empor, und der alltägliche Richard Lilienthal war beiseite gedrängt. Ich bringe dies eindeutig mit der Abtreibung in Zusammenhang, die ja von englischsprechenden Ärzten ausgeführt worden war. Auch die vorgeburtliche Lebensphase während der ersten Schwangerschaftswochen in Amerika muß einen starken, prägenden Einfluß auf mein Sprachempfinden gehabt haben, so daß ich diese Informationen im Unterbewußtsein mit in das neue Leben nahm.

Ab 1977 litt ich an einer schweren Hautkrankheit, die mit heftigstem Juckreiz einherging. Ich kratzte meine Haut blutig, konnte nur noch mit Schlaftabletten die Nacht überstehen und lief an einem Wintertag vor lauter Verzweiflung barfuß über schneebedeckte Felder. Diese Krankheit forderte von mir die letzten seelischen Kräfte, besserte sich allerdings immer sehr, wenn ich in Amerika war. Ich meine, hier brach der Konflikt mit Margarete über die Haut von innen heraus. Für mich war es ja noch nicht zu einer Konfliktlösung gekommen, obwohl ich unbewußt durch meine vielen Amerikareisen daran arbeitete.

Ein Traum, den ich im Januar 1981 erlebte hatte und in meinem Tagebuch festhielt, verdeutlicht das Thema »Schwangerschaft« und die Ehrfurcht vor dem werdenden Kind recht gut: »Es ist halbdunkel. Ich befinde mich in einem großen Raum. Da kommt eine schwangere Frau auf mich zu und bleibt mir gegenüber stehen. Sie trägt ein nachthemdähnliches Gewand. Ich knöpfe es auf und lege meinen Kopf an ihre Brüste, gehe dann mit meinem Kopf an ihrem Bauch entlang und knie dabei nieder.«

1980 schaffte ich trotz alledem das Abitur und bewarb mich an einer Kunstakademie in den Vereinigten Staaten. Ein Jahr lang arbeitete ich intensiv an den Bewerbungsvorbereitungen, bis ich endlich im Sommer 1981 zum Studium nach Amerika reiste. Ich war tatsächlich von der Kunstakademie in Massachusetts angenommen worden, ein Traum hatte sich erfüllt - der bald zum Alptraum werden sollte. In den USA erlebte ich sieben Monate und sieben Tage größter seelischer Qualen. Der innere Kampf wurde auf die Spitze getrieben. Selbstmordgedanken drängten sich mir auf, ich stellte mein Studium immer mehr in Frage, weil ich spürte, daß dies nicht mein eigentlicher Auftrag war. Im Oktober 1981 vernahm ich wiederum die innere Stimme, die mir sagte, ich solle mich sofort von der Akademie abmelden. Bezeichnenderweise erhielt ich auch ein äußeres Zeichen, denn eine Studentin überreichte mir ein Lesezeichen, auf dem in englischer Sprache geschrieben stand:

»Und ich hörte die Stimme des HERRN, daß Er sprach: Wen soll ich senden? Wer will unser Bote sein? Ich aber sprach: Hier bin ich; sende mich!« (Jesaja 6,8)

Für mich war eines klar: Ich sollte und mußte nach Deutschland zurück. Dann verständigte ich meine Eltern telefonisch und rief auch Margarete an, die mich flehentlich bat, ich möge sie doch noch für ein paar Wochen besuchen und könnte über Weihnachten bleiben. Ich hatte mir ganz fest vorgenommen, genau dies nicht zu tun, ihr nicht nachzugeben, doch sie erweichte meine Vorsätze, und ich reiste im November zu ihr. Es folgte die schlimmste Zeit mit ihr, die ich je erlebt hatte. Die Spannungen wuchsen, und ich sah nicht die eigentliche Ursache. Sie lebte jetzt mit ihrem Mann ganz auf der Farm, arbeitete aber noch in der Stadt. Ich war tagsüber mit den Tieren zusammen und lag doch die meiste Zeit völlig geschwächt im Bett, da ich laufend Kräfte verlor. Kam Margarete nachmittags von der Arbeit zurück, flüchtete ich in die weiten Wiesen, um ihr nicht gleich begegnen zu müssen. Ich schmiedete Fluchtpläne, um bloß von diesem Ort der Qualen wegzukommen, doch ging mein Flugzeug leider zu einer festgelegten Zeit, und mir fehlte das Geld, woanders in der Zwischenzeit bleiben zu können. So war ich gewissermaßen »strafversetzt« auf diese Farminsel in der Einöde. Dort mußte ich innere Kämpfe, Beschuldigungen und Demütigungen erleiden, die ich hier nicht im einzelnen aufführen möchte. Ich glaube, Margarete konnte nicht anders handeln. Sie verteidigte sich auf diese Weise, versuchte irgendwie in meiner Gegenwart seelisch zu überleben. Immerhin stand sie vor ihrem abgetriebenen Kind, was zwar ihrem Tagesbewußtsein nicht klar war, was aber von ihren tieferen Seelenschichten sehr wohl registriert wurde. Ihre Verbitterung und die vielen Enttäuschungen und Fehlschläge in ihrem Leben brachte sie in ihrer erdrückenden Negativität zum Ausdruck. Für mich waren es größte Qualen, die scheinbar nicht enden wollten. Denn als ich im Januar 1982 nach Deutschland zurückgekehrt war, begegnete mir Margarete in meinen Träumen und verfolgte mich weiterhin. Auch vernahm ich im Wachzustand auf telepathische Weise eine Stimme, die mich aufforderte, nun endlich Selbstmord zu begehen.

Im Frühjahr 1982 begann ich eine Berufsausbildung. Immer wieder fragte ich mich, warum Margarete mich weiterhin so intensiv verfolgte. Mir fehlte in dem ganzen noch chaotischen Mosaik ein wesentlicher Baustein. Anzeichen gab es immer mal wieder, doch ich zog noch keine klaren Rückschlüsse. Zum Beispiel verliebte ich mich in eine ältere Frau und stellte mir in sehr starken emotionalen Phantasien vor, ich wäre als Kind in ihrem Leib und würde dort geborgen und sicher ruhen. Solche deutlichen Zeichen standen vor mir, aber es gelang mir nicht, das Rätsel zu lösen. Erst im Herbst 1982 vernahm ich in mir nach schwerem seelischem Ringen zu meinem großen Erstaunen eine klare Stimme und hörte die Antwort: »Du bist mit Margarete karmisch verbunden!« Dies versetzte mich in hellste Aufregung, und ich verbrachte eine schlaflose Nacht mit Überlegungen, wer ich denn nun in Margaretes Leben gewesen sein könnte. Der Reinkarnationsgedanke war mir sehr vertraut, und so glaubte ich zunächst, ihr erster Mann, Dr. Jürgen Eichenfeld, gewesen zu sein, der ja Anfang 1945 umgekommen war. Zwar wußte ich von Margaretes Abtreibung, doch lag mir der Gedanke fern, das abgetriebene Kind zu sein.

Im Februar 1983 besuchte ich den Geburtsort des Dr. Jürgen Eichenfeld, ein kleines Dorf, wo ich mit einigen älteren Bewohnern sprach und wo mir sogar Fotos aus jener Zeit gezeigt wurden. Aber ich fühlte keine Betroffenheit, all das sagte mir nichts. So reiste ich enttäuscht wieder ab und überlegte, ob ich möglicherweise mit Margaretes Abtreibung etwas zu tun hätte.

Ein weiteres Erlebnis in jener Zeit gab mir zu denken. Innerhalb meiner Berufsausbildung bekam ich die Gelegenheit, konservierte Embryonen aller Wachstumsgrößen zu betrachten. Der Anblick dieser vorgeburtlichen Wesen schockierte mich zutiefst. Demütig wäre ich am liebsten niedergekniet, um meine Achtung und mein Mitleid zu bezeugen. Es kam mir schändlich vor, daß man diese armen, wehrlosen Wesen anstarren und begaffen konnte. In mir hörte ich einen stummen Schrei.

Das Erlebnis der Abtreibung

Im März 1983 war es dann endlich soweit: Der Schleier des Vergessens wurde gelüftet. Ich sollte Klarheit erhalten und schrieb wenig später in mein Tagebuch:

In der Nacht erwachte ich, war unruhig und spürte etwas Unangenehmes, Drohendes. Als ich die Augen schloß, sah ich einen Lichtpunkt, der immer größer wurde und sich zu einem Embryo formte. Ich erkannte diese embryonale Urform, die, als sie größer wurde, mich in Angst und Panik versetzte. Denn plötzlich war ich dieses Lichtgebilde, alles übertrug sich auf mich. Meine Füße und Beine wurden schweißnaß, ich zitterte um mein Leben. Irgendwie zog dann eine Kraft an mir, zog mich raus aus etwas Schützendem und Vertrautem. Ich atmete immer heftiger, war bei vollem Bewußtsein und durchlebte einen Todeskampf. Das Ziehen und Stechen riß mich vom Bette hoch, als es nicht mehr zu ertragen war. Ich fühlte mich dem Wahnsinn und beklagte mich in englischer Sprache: »How can you do that?« (Wie kannst du das tun /zulassen?). Ich war ausgestoßen, herausgezogen, ausgemerzt, beseitigt worden. So ähnlich muß eine Seele das Drama der Abtreibung erleben, ja, dies mußte die von mir durchgemachte Abtreibung gewesen sein, denn meine mutmaßliche Mutter ging mir seit unserer Wiederbegegnung vor neun Jahren nicht mehr aus dem Sinn. Waren nicht so alle meine verzweifelten Bestrebungen, nach Amerika zu gelangen, zu erklären? Und der unbewußte Versuch, sich mit jener noch existierenden Mutter zu verbinden, ja zu versöhnen, um letztlich uns beide von der Seelenqual dieses Geschehens zu befreien? Warum diese Haßliebe zu Margarete, die mich über die vielen Jahre so stark belastete? Ich überlegte hin und her, hatte noch immer Zweifel und bat die höhere geistige Führung um ein deutliches Zeichen.

Wenige Tage darauf berichtete ich meiner Mutter, Gerda Lilienthal, die mich seit meinen frühesten Jugendjahren mit geistig-esoterischen Themen bekannt gemacht hatte, von meinen Vergangenheitsforschungen und Verdachtsmomenten, auch vom Erlebnis der Abtreibung. Meine Mutter kam im Gespräch auf einen mir bekannten Frauenarzt. Als sie anzudeuten begann, daß dieser laufend Abtreibungen durchführe, überkam mich ein Weinkrampf, der plötzlich in ein sehr heftiges Schreien umschlug. Ich schrie, so laut ich konnte, wollte alles zusammenschreien, war verzweifelt und wütend. Der Schrei war sehr laut und kam aus tiefsten Seelenschichten. Es war ein Loch zum Unbewußten meiner Seele aufgerissen, was sich in einer überallergischen Reaktion ausdrückte. Das Wissen um die laufend durchgeführten

Abtreibungen dieses Arztes, der Leben erhalten sollte, machte mich fast wahnsinnig. Ich schrie wohl 30 Sekunden lang, warf auch ein Kissen durch das Zimmer und fiel nieder auf den Teppich, mit den Händen auf den Boden schlagend und dabei ausrufend: »How can he do that?« (»Wie kann er das nur tun?«) Ich war buchstäblich außer mir, eine unglaublich schmerzhafte Erinnerung war freigesetzt worden, stand glasklar vor mir, so daß ich es kaum verkraften konnte.

Jetzt erkannte und erfühlte ich diese Wesensschichten meiner Vergangenheit, die ich war. Der Schmerz des Sterbens war für mich faßbar, erlebbar geworden. Durch diese Bewußtwerdung fühlte ich mich von einer schweren Schicksalslast befreit, ein Neubeginn war nun möglich. Fast spürte ich etwas wie eine Wiedergeburt, und in mir kam der Wunsch auf, mich endlich mit Margarete zu versöhnen. Ich betrachtete ihr Leben, all die Schicksalsschläge und die Verzweiflung, die sie damals nach dem Gespräch mit Anton zur Abtreibung gebracht hatte.

Auf langen Spaziergängen betrachtete ich die tiefsten Regungen meiner Seele. Inneres und äußeres Geschehen schienen eins zu werden, und so schrieb ich in mein Tagebuch vom Mai 1983: »Der Wald triefend feucht, Regen fiel und tränkte den Boden. Ich kam an ein Feld und sah volle Ähren, die sich im Regenwinde bogen wie ein tosendes Meer. Ging einen Weg, umsäumt von Bäumen mit sattem Grün. Dieser Weg war Leben - mein Leben. Da hörte die Vergangenheit auf, Vergangenheit zu sein, und die Zukunft schien bekannt wie etwas Vertrautes, das man in sich getragen hatte, ohne es zu wissen. Alles verschmolz in jenen Regentropfen, und für einen Moment war ich außerhalb des Seins und doch mittendrin. Das Paradoxe erfüllte mich, Zeit schien Illusion zu sein, ein Scherz oder Streich, dem das

Bewußtsein unterliegt. Ich fühlte das vergessene Bekannte, welches allem Seienden innewohnt. Dann war Schweigen ohne Bewegung.«

Kontakte mit Verstorbenen

Oft lag ich nachts lange wach und dachte über alles nach. Da bemerkte ich im dunklen Zimmer eine große Unruhe, ein Getümmel von hellen, sich schnell bewegenden Wölkchen. Ich wunderte mich, was das zu bedeuten habe, und erhielt bald eine klärende Antwort: Ich wurde von sehr vielen verstorbenen, abgetriebenen Seelen belagert, die offenbar regen Anteil an meinen Lernprozessen genommen hatten. Sie fühlten sich verwirrt und ausgestoßen, und die Seelen hegten Haß- und Rachegefühle. So fing ich an, mich mit ihnen zu unterhalten. Ich sprach leise zu ihnen, und sie gaben mir dann ihre Antworten in Gedankenform ein. Es war nun meine Aufgabe, mich um diese armen, desorientierten Seelen zu kümmern, sie über ihren Zustand aufzuklären und um ihr Verständnis für die betreffenden Mütter, Väter und Ärzte zu bitten, die an den Abtreibungen beteiligt gewesen waren. Im Sinne des Fürbittegebets versuchte ich, ihnen den Weg der befreienden, vergebenden Liebe zu weisen. So konnten sich viele arme Seelen bald von der Erdsphäre lösen.

Richards letzte Begegnung mit der Mutter in Amerika - Der Abschied

Im Oktober 1985 spürte ich die innere Aufforderung, noch einmal nach Amerika zu reisen. Zum einen hatte ich verschiedene Dinge aus meiner kurzen Studienzeit an der

Ostküste zu regeln, zum anderen wollte ich ein letztes Mal Margarete und James besuchen. Ich flog Anfang November hinüber und erledigte einiges in Philadelphia. Von dort aus reiste ich per Anhalter über 2000 Kilometer weit zur Farm meiner amerikanischen Mutter. Es war ein langer Weg zu ihr, den ich aber bewußt auf diese Weise bewältigen wollte. Mit jedem Kilometer, den ich ihr und dem Ort meiner qualvollen Vergangenheit näherkam, konnte ich sie inniger in meine Gebete einschließen.

Als ich die kleine Stadt erreicht hatte, in der Margarete einst gewohnt hatte - sie lebte jetzt auf der Farm -, überkamen mich magisch-traumhafte Gefühle. Es war eine Stimmung der Zeitlosigkeit, der Kreis hatte sich geschlossen - nach ungefähr 30 Jahren. An diesem Ort hätte ich leben sollen, doch wurde er zum Platz meines Todes. Der schwüle Wind, der von Süden her wehte, erweckte die Erinnerung der Vernichtung, der unerlösten, gegenwärtigen Vergangenheit in mir. Ich war weiterhin mit ihnen verbunden, mit Margarete, James, dem Arzt und mit Anton. Doch jetzt durfte ich die Gnade erfahren, die ganze Tragödie bewußt zu durchschauen und für die um Vergebung zu bitten, die mir Leid zugefügt hatten. Das war mein geistiger Auftrag an diesem Ort.

Margarete aber wußte nichts von alledem, sie wußte immer noch nicht, wer ich war, und mir war klar, daß ich es ihr nicht sagen durfte. Die Wahrheit hätte sie möglicherweise schockartig getroffen, oder sie hätte mich für verrückt erklärt und so das Ganze zu verdrängen versucht. Ich mußte also schweigen.

Die letzte Meile bis zur Farm ging ich zu Fuß durch hohes, vertrocknetes Gras. Mir war eigenartig zumute. Ich klingelte an der Haustür. Sie öffnete, war völlig überrascht und umarmte mich. Margarete war herzkrank geworden, und ich merkte bald, wie vorsichtig ich mit meinen Ansichten und Äußerungen sein mußte. Die alten Themen waren nach wie vor tabu. Da es in ihrer Verwandtschaft zu schweren Konflikten und Streitereien gekommen war, wollte sie nichts von Liebe und Vergebung wissen. Das Leben sah sie als Kampf ums Überleben an, in dem man sich durchzusetzen hatte.

Für mich wurden diese neun Tage des Zusammenlebens mit ihr zu einer letzten großen seelischen Prüfung. Ich betete viel für Margarete und Anton und bat um Verwandlung all der haßerfüllten Kräfte und Wesenheiten um sie herum. Ihre Lebensinhalte waren nicht mehr die meinen. Das schmerzte mich sehr, weil sie mich nicht annähernd verstehen konnte. Sie kannte meinen Weg nicht, wollte wohl auch letztlich nicht wissen, wer und wie ich wirklich war. Ihre Welt war ihr Ehemann James, das einsame Leben auf dem Lande und das Fernsehen. Ich suchte nach Berührungspunkten, inneren Gemeinsamkeiten, doch fand ich kaum noch welche. Aber eines wußte ich sicher: In der Ewigkeit würden wir uns wiedersehen, dann würde ich ihr vielleicht viel besser helfen können. Ich wünschte mir sehr, ihr eines Tages bei ihrem Hinübergehen ins Jenseits beistehen zu dürfen, ihr irgendwie dienen zu können. Jetzt mußte ich über das, was ich an wunderbaren religiösen Erlebnissen geschenkt bekommen hatte, schweigen. Meine Sehnsucht aber war es, wenigstens in der Ewigkeit all die inneren Schätze mit ihr teilen zu dürfen.

Die Besuchszeit ging dem Ende entgegen. Es kam zu einer letzten schweren Auseinandersetzung über Antons Tod. Ich versuchte ihr verzweifelt klarzumachen, daß Anton weiterlebte, daß auch sie nach dem Tode weiterleben würde, aber sie bekämpfte meine Gedanken aufs energischste. Es war mir nicht möglich, ihr auch nur eine Ahnung von all diesen geistigen Gesetzen, die Ausdruck der höchsten Liebe sind, zu vermitteln. In ihren Augen blieb ich der unrealistische Spinner.

Ich kehrte zurück zum Gebet, zur Stille mit und in Jesus Christus, die mich stärkte und wieder aufbaute. Margarete war krank und kraftlos, körperlich wie seelisch. Ich mußte und sollte sie so lassen, wie sie war. Das Wichtigste, was ich tun konnte, hatte ich getan: sie vor Gott entschuldigt, um Vergebung für sie gebeten, was immer sie auch getan haben mochte. Ich fühlte mich mit ihr durch die Liebe Jesu untrennbar verbunden, ganz gleich, was sie von mir hielt oder wie sie zu mir stand. So endete unsere Begegnung auf dem Flughafen. Äußerlich war unsere Beziehung zerbrochen, doch innerlich hoffte ich auf die verwandelnde Liebe Jesu, die mich mit ihr tief verband und die allein in der Lage sein würde, uns beide von allen Lieblosigkeiten der Vergangenheit zu reinigen und uns neu einander in der Ewigkeit begegnen zu lassen.

Träume

Die Träume, in denen Margarete mir begegnete, widerspiegeln die Entwicklung unserer Beziehung mit am deutlichsten. Zunächst erlebte ich die heftigsten Anschuldigungen und Demütigungen. Später war Margarete durch einen Zaun von mir getrennt, und wir blickten uns stumm an. Immer wieder lief ich auf der Farm umher, ging ins Haus und versuchte, mit ihr zu sprechen. In späteren Träumen saß ich in ihrer Küche, und sie bereitete mir eine Mahlzeit. Der einstige Alptraum meiner Kindheit, die mordende Hexe in der Küche, war verwandelt worden: Ich hatte mich ihr gestellt, war immer wieder zu ihr hingereist, um das Schicksalsrätsel zu lösen. Nun endlich unterhielten und umarmten wir uns. Die Schatten der Vergangenheit lösten sich immer mehr auf.

Einmal fuhr ich mit ihr im Wagen und erzählte vom Wesen der Liebe, von der Opferbereitschaft, die um des Geliebten willen bis in den Tod reicht: der Weg, den Jesus Christus gegangen ist. Ich sagte Margarete, daß sie selbst für Anton Opfer erbracht hatte, da sie ihn während seines ganzen Lebens finanziell unterstützt habe, was nicht immer leicht für sie gewesen sei. Ruhig auf aufgeschlossen hörte sie mir zu.

Am Grabe von Martha Eichenfeld

Kurz nach meiner Amerikareise im November 1985 starb Margaretes Schwiegermutter, Martha Eichenfeld. Im Sommer des darauffolgenden Jahres besuchte ich ein letztes Mal den Friedhof, auf dem Martha Eichenfeld, ihr Ehemann, ihr Sohn Jürgen und ihr Enkel Anton begraben waren. Martha hatte alle drei Angehörigen weit überlebt.

Es war ein seltsames Gefühl, an diesem Familiengrab zu stehen - am Grab meines »Bruders« Anton, der meine Abtreibung, meinen Tod mitverursacht hatte. Ich befand mich an der Schwelle zum Jenseits, denn intuitiv wußte ich, daß sie alle als Seelen weiterlebten und ich zu ihnen sprechen konnte. Ich betete für sie, besonders für Anton, der elf Jahre zuvor Selbstmord begangen hatte. Wie vergänglich erschien jetzt das stoffliche, körperliche Leben! Welche Bedeutung hat da noch die Zeit, die nur sehr bedingt im Jenseits existiert?!

Für alle Beteiligten, ob noch im Diesseits oder schon im Jenseits, bat ich um Vergebung ihrer begangenen Lieblosigkeiten, und daß sie auch ihren Schuldigern vergeben und sie vor Gott, der Liebe, freisprechen mochten.

Alles Geschehene, all das Leid, erschien fast wie ein Traum, ein gut inszeniertes Bühnenstück, das plötzlich zu Ende war und doch weitergehen würde. Meine Seele berührte ein Stück Ewigkeit, und in Gedanken sah ich sie alle vor mir: lebendig und verwandelt, der vollkommenen Liebe nähergerückt.

Das Leben vor der Abtreibung, Rußland, vermutlich 19. Jahrhundert

Nun tauchte im April 1983 noch eine brennende Frage in mir auf, nämlich warum ich das Erlebnis der Abtreibung habe mitmachen müssen. Was war all dem vorausgegangen, inwiefern hatte ich mich schuldig gemacht? Denn eines ahnte ich schnell: Ich mußte Opfer und Täter gewesen sein. Mir war auch klar, daß ich mich auf höchst gefährlichem Boden bewegte, da das Wissen um die Vergangenheit schon manchen Menschen in den Wahnsinn getrieben hatte. So wollte ich dieses Wissen auf keinen Fall zwangsweise, etwa durch Hypnose, hervorholen, sondern blieb im Gebet ständig mit meinem Geistführer beziehungsweise Schutzengel verbunden. Ich spürte genau, wenn mein Geistführer im Zimmer war und mir etwas zeigen wollte. Immer wieder unterstellte ich mich dem Schutz Jesu Christi und bat darum, ER möge mir das Vergangene nur dann zeigen, wenn es wirklich sinnvoll für mich sei, und auch nur tropfenweise verabreichen, um nicht daran irre zu werden.

Doch ich durchlebte schwerste Nächte und betete viel zur Wahrung des inneren Gleichgewichts. Größte Untiefen meiner Seele durchwanderte ich, kam mit vielen Verstorbenen in Berührung, die sich wie ich nach dem Licht der Erlösung sehnten. So schrieb ich im November 1984 in mein Tagebuch:

»Der seelische Schmerz, die Qualen der Seele, dies ist wohl der intensivste Berührungspunkt mit dem Urgrund der gefallenen Schöpfung. Das körperliche Leiden verblaßt neben der seelischen Tortur, dem Irrewerden, dem Wahnsinn. Dann wünschte man, nicht existent zu sein. Die Sehnsucht nach dem Nichts ergreift die Seele, der Drang nach Selbstzerstörung. Ich kann sie verstehen, die Insassen der Anstalten: gepeinigt, schmerzerfüllt, Notlösungen suchend, sich in Zwangshandlungen betäubend. In diesem Zustand ist die Verbindung zur anderen Welt, dem Reich der Verstorbenen, Geister und Dämonen, wohl am deutlichsten wahrzunehmen. Das Ertragenmüssen des Unerträglichen wird zur größten Qual, denn Flucht ist nicht möglich. Erlösung bringen kann nur ER, Jesus Christus.«

Andrea Petrasch

Im April 1983 begegnete ich einer Frau namens Andrea Petrasch. Mein erstes Gefühl ihr gegenüber war das einer tragischen Betroffenheit. Ich stellte mich innerlich auf sie ein, und mich überkam eine tiefe Traurigkeit, so daß ich den Raum verlassen mußte und in einem Nebenzimmer für Minuten weinte. Irgend etwas Schweres, Belastendes war zwischen uns, doch konnte ich es noch nicht einordnen. Als ich von einer unserer Begegnungen nach Hause fuhr, überkamen mich Gefühle der Trauer und des Zorns, eine Explosion mit höchster Spannung lief in mir ab. Ich konnte nicht mehr weiterfahren, hielt an, stieg aus und weinte heftig. Über unserer Beziehung stand der dunkle Stern der Vergangenheit, der schmerzvolle Anziehung und Zerstörung zugleich verhieß.

Im Juni 1983 schrieb ich nach langem inneren Ringen in mein Tagebuch: »Ich fühle, wie die Zeiten, die ich durchlebt habe, zu verschwimmen scheinen. Alles ist verschoben, beliebig abrufbar, und schmerzvolle Schatten der Vergangenheit wollen noch einmal gelebt werden. Diese Vergangenheit holt mich irgendwie ein, ich bin viele Personen, hatte viele Leben. Es ist wie eine Musik, die wiederkehrt, eine schöne, wehmütige Melodie, zart, sanft und doch fordernd, den ganzen Menschen vereinnahmend. Der Kreis schließt sich, alles ist wie ein Karussell, und ich kann es nicht aufhalten.«

Schon im Herbst 1983 erhielt ich Klarheit über unsere gemeinsame Vergangenheit. An einem Abend voller innerer Unruhe sah ich folgende Szene im Wachzustand: Andrea lag in einem früheren Leben auf einem Tisch, und ich erlebte aus ihrer Sicht den Eingriff einer Abtreibung, der höchst schmerzvoll und ekelerregend in einem offenbar weißgekachelten Raum vorgenommen wurde. Ein Mann stand in blutverschmiertem Kittel vor ihren gespreizten Beinen und besorgte hastig die Tötung des Kindes. Sie wand sich hin und her, schrie laut, und ich erlebte ihre furchtbaren Qualen. Mir wurde meine damalige Rolle als abtreibender Arzt deutlich gezeigt. Hin und wieder kamen die Damen der feineren Gesellschaft von St. Petersburg zum Schwangerschaftsabbruch zu mir, was schon zu jener Zeit eine ganz normale Sache war, über die nicht viel geredet wurde.

Jetzt wußte ich, wie sich eine Frau bei solch einem Eingriff fühlen kann. Das Tragische, was zwischen Andrea und mir lag, war die gemeinschaftliche Tötung mehrerer Kinder. Ich hatte sie wiedertreffen müssen, um dies zu erkennen und um Vergebung für unsere Taten zu bitten. Danach erhielt ich deutliche Zeichen der Aufforderung durch meinen Schutzengel, mich von Andrea in Frieden zu trennen.

Zugleich erwachte in mir die Liebe zum alten Rußland. Ja, meine Jugendzeit vom 11. bis zum 16. Lebensjahr widerspiegelte diese Vergangenheit, nämlich das schlichte, naturverbundene Leben auf dem Lande, insbesondere der Umgang mit Pferden. Meine Freizeit verbrachte ich bei einem alten Mann, der aus dem Osten stammte und Lokführer gewesen war. Wie ein Rasputin schaute er aus und lehrte mich das Reiten und Kutschieren, Pflügen und Heumachen, die Gartenarbeit und den Schuppen- und Stallbau. Vermutlich war ich zumindest als Kind auf dem Lande in den russischen Weiten aufgewachsen, denn immer zog mich das Häuschen des alten Mannes mit Schuppen, Ställen, Pferden und Wagen magisch an. Dies war die schönste Zeit meiner Jugend gewesen.

Maria Benzloff und Alexander Stein

1983 begegnete ich zwei Menschen, die mit meiner Vergangenheit im alten Rußland zu tun haben mußten: Maria Benzloff und Alexander Stein.

Auf eigenartigen Umwegen wurde ich eines Tages zu einer alten Frau geschickt, der es gesundheitlich nicht gut ging und die schon seit langem allein in einer kleinen Wohnung lebte. Da stand ich vor Maria Benzloff, und wir fühlten sofort eine tiefe innere Verbindung zueinander. Sie gehörte der russisch-orthodoxen Kirche an, und bald besuchten wir den traditionellen Gottesdienst - ein Erlebnis, das mich sehr beeindruckte und wodurch ich meine Liebe zu Ikonen, Weihrauch und den religiösen Gesängen wiederentdeckte.

Gelegentlich traf ich mit ihr zusammen. Stundenlang unterhielten wir uns über religiöse Fragen und Psychologie. Sie mußte damals eine wichtige Rolle in meinem russischen Vorleben gespielt haben, doch ist mir ihre genauere Bedeutung nie gezeigt worden.

Erwähnenswert scheint mir ein Traum, den ich im Oktober 1983 durchlebte. An einem großen Fluß sprach ich zu vielen Menschen über das Thema »Frieden«. Die Wellen des Wassers erreichten meine Füße, als auf einem Feldwege eine russisch-orthodoxe Prozession mit goldenen Ikonen sich uns näherte. Die vielen Priester mit ihren langen Bärten, schönen Gewändern und den religiösen Bildern schritten an mir vorbei. Ich verneigte mich, die Hände - in indischer Weise aneinandergelegt - zur Stirn führend.

Belastender Art war die Begegnung mit Alexander Stein, der als Sozialhilfeempfänger in einer armseligen Hinterhofwohnung einer Großstadt sein Leben fristete. Als durchaus talentierter Dichter und Musiker erzählte er mir, als wir auf das Thema »Reinkarnation« kamen, daß er mal ein Großgrundbesitzer im alten Rußland gewesen sein sollte, wie ihm ein medial begabter Bekannter mitgeteilt habe. Er allerdings lehnte solch eine Behauptung entschieden ab. In langen Gesprächen versuchte ich ihm meine Einsichten über geistige Gesetze mitzuteilen, doch er klagte die Umwelt, besonders die wohlhabenden Menschen, unentwegt an. Er hielt sich für den genialen Künstler, den die anderen erbarmungslos unterdrückten.

Mir wurde bald klar: Er sprach nur von sich selber, verurteilte unbewußt seine eigene Vergangenheit, denn im damaligen Rußland gab es eine Schicht mächtiger Großgrundbesitzer, die die Leibeigenen und Bauern meist grausam ausbeuteten. Nun saß er armselig in einer Hinterhofwohnung und erlebte den Zustand der damaligen unterdrückten Bauersleute. Besonders schmerzlich war für Alexander der Umstand, offenbar künstlerisch sehr talentiert zu sein, aber auf allen Werken sitzen bleiben zu müssen. Niemand wollte mit ihm und seiner Kunst etwas zu tun haben. Ich versuchte ihm mehrmals zu helfen, doch blockierte seine innere Haltung jede meiner Initiativen: Er hielt sich für etwas Besseres, die "gemeine Masse“ war letztlich seiner Kunst nicht würdig. Dieser Hochmut und seine aggressive Haltung gegenüber den Menschen wirkten auf mich niederschmetternd. Er forderte viel und wollte alles haben, war aber nicht bereit, das Wichtigste zu geben: Liebe. Bald merkte ich, daß die stundenlangen Gespräche nichts brachten. Jedesmal war ich danach völlig ausgelaugt, denn er wiederholte ständig seine hartnäckigen Ansichten, ohne sich selber auch nur einmal in Frage zu stellen.

Vielleicht war es ein Fehler, doch ich wußte mir nicht mehr anders zu helfen, als einen ehrlichen Brief an ihn zu schreiben. Im Grunde tat er mir leid; sich im Kreise drehend, durchlitt er größte Qualen, da er nicht bereit war, seine Schattenseiten anzuschauen.

Nach diesen Begegnungen und Erlebnissen beendete ich meine Vergangenheitsforschungen. Ich wollte nicht noch weiter zurückblicken und war dankbar, jene Zeiten ruhen lassen zu können. Erst Jahre später wurde mir meine Rolle als Priester in einer klerikalen Inkarnation gezeigt. Das Thema »Sexualität« und die Mann-Frau-Beziehung mußte tiefgreifend bearbeitet werden. Die Wurzeln lagen weit zurück im finstersten Mittelalter, als sich viele Priester innerlich spalteten und ihre weibliche Seite sowie ihr Mannsein bis zum Exzeß verdrängten. Die Folge war die Projektion des eigenen Schattens, des Verdrängten, auf Frauen, die dann als Hexen verbrannt wurden.

2. Teil

Betrachtungen und Schlußfolgerungen

Es liegt mir fern, jemanden vom Gedanken der Reinkarnation überzeugen zu wollen. Jeder darf sich selber ehrlich entdecken und zu dem stehen, was er in sich findet. Worum es mir geht, ist dies: Die Seele durchlebt auf ihrem Entwicklungsweg beide Seiten der einen Medaille, sie ist Täter *und* Opfer. Das Hauptthema dieses Lernprozesses lautet, Liebe aneinander zu üben, das Wesen der reinen, bedingungslosen Liebe in die Seele einzuprägen, um in den Geist der universellen Liebe - zu Gott - bewußt und freiwillig zurückzukehren.

Heute weiß ich: Dieser Weg aus der Polarität, der Gespaltenheit dieser Welt, zurück in die Einheit, in die vollkommene Liebe, ist immer mit Leiden verbunden. Ich durfte Geburt und Tod, Himmel und Hölle in mir erleben, durfte Einblick nehmen in die Untiefen meiner Seele - und ich bin dankbar für alles. Leben lernen heißt *das* lieben zu lernen, was ist: das eigene Schicksal und das Schicksal all der anderen Menschen, mit denen die Seele verbunden ist (letztlich die ganze Menschheit!) und in denen sie sich spiegelt. Denn was ich in Margarete erkannte und mit ihr durchlebte, das war ich, das war meine eigene von mir verursachte und zu verantwortende Vergangenheit.

So durfte ich die geistige Ordnung, die hinter allem steht und in allem wirkt, nach und nach erkennen, und dies nicht nur vom Denken des Kopfes her, sondern auch tief im Herzen erfühlen.

Im 2. Teil dieses Buches will ich auf diese Ordnung näher eingehen. Immer wieder hat mich die Genauigkeit und Verbindlichkeit des Gesetzes in großes Erstaunen versetzt. Doch durfte ich auch die Barmherzigkeit der alles durchdringenden Liebe Gottes dankbar spüren. Wie sehr verlieren Begriffe wie »Raum« und »Zeit« an Bedeutung, wenn es um Seelenbeziehungen geht, in denen sich Höchstes, die vollkommene Liebe und Weisheit, offenbaren möchte! Ich sage bewußt »offenbaren möchte«, denn dieser Geist der Liebe und Weisheit ist für mich VATER-MUTTER aller Dinge; der Schöpfer äußert sich in seiner gesamten Schöpfung, die wieder ganz zum Schöpfer zurückkehren soll und wird. Die Liebe wartet demütig auf ihre Geschöpfe und versucht, ihnen auf ihrem Rückweg mit einem reichhaltigen Angebot an Lernsituationen zu helfen - doch stellt sie ihren Geschöpfen völlig frei, das Leben mit seinen Lernmöglichkeiten anzunehmen.

In dem Leid, das ich durchlebte, offenbarte sich mir Gott, die LIEBE. Die Sehnsucht nach dem Zustand des Einsseins mit allem trieb mich voran auf meiner Suche nach dem Ursprung, der Quelle allen Seins. In der Finsternis erwachte in mir die Sehnsucht nach dem Licht, von dem sich ein Funken der Rückerinnerung in jeder Seele befindet. Zunächst aber geht der Mensch den Weg der reinen kopfgesteuerten Erkenntnis, die in die Machtausübung führt. Er wird sich seiner selbst bewußt und erkennt das Du, den Mitmenschen, den er zu beherrschen versucht. Bald wird ihm deutlich: Wissen ist Macht auf Erden. Die Seele beherrscht andere Seelen, unterdrückt, quält und mordet und wird am Ende zum Opfer ihrer eigenen Saat. Die Ernte heißt nun: Loslassen, Opfern, Sterben. Es scheint paradox zu sein: Der Mensch sammelt materielle Güter, Macht und Stolz, muß dann alles wieder hergeben - zum Schluß des irdischen

Lebens seinen Körper -, um so in sich die Sehnsucht nach dem »ewigen Schatz«, der reinen Liebe, zu entfachen.

Reinkarnation stellt den großen Rahmen dar, auf dem sich menschliches Schicksal in seiner Vielgestaltigkeit aufspannt. Diese Lehre besagt, daß die Seele hier auf Erden einen materiellen Körper benutzt, um Lernprozesse auf dem Weg zum vollkommenen Bewußtsein zu durchlaufen, letztlich, um zur Einheit, zum Geist Gottes zurückzufinden. Das Diesseits und das Jenseits sind wechselnde Stationen auf dieser langen, Jahrtausende währenden Reise. Immer wieder kehrt die sich wandelnde Seele in neuen Körpern auf die Erde zurück, um auf der Bühne des irdischen Lebens in wechselnden Rollen verschiedenste Lebensaufgaben zu lösen. Besonders hier auf Erden werden Erfahrungen gemacht, die wegen ihrer harten Verbindlichkeit einen hohen Grad an Lernintensität aufweisen. In der reinen Seelenwelt, insbesondere der erdnahen Jenseitssphäre, laufen diese Prozesse wesentlich langsamer ab. Die bewußtseinsmäßig noch wenig entwickelte Seele braucht geradezu die verbindliche Stofflichkeit, um zu tieferer Einsicht in die Ordnung der Schöpfung zu gelangen. Wir müssen als kleine Kinder den Raum zunächst selber durchschritten haben, ehe wir später gedanklich und gefühlsmäßig diesen Vorgang durchdringen bzw. verarbeiten.

Die Auswertung der irdischen Erfahrungen vollzieht sich mit wachsendem Bewußtsein schon hier auf Erden, wird aber von der relativ unreifen Seele erst im Jenseits bewältigt. Im Jenseits erfährt der Mensch, wenn er sich nicht extrem schwere Schuld aufgeladen hat, meist eine Art Ruhepause, um all die Eindrücke des Erdenlebens zu verdauen. Grausame irdische Vergehen sprich Lieblosigkeiten finden ihre Fortsetzung in der Seelenwelt mit bestechender Konsequenz: Dort kann der Mensch in einer erdnahen oder gar unterirdischen Sphäre seine dunklen Neigungen weiterhin ausleben, erlebt aber auch zunehmend selber die Situation seiner einstigen Opfer. Nur dieser Rollentausch, der sich meistens in einer neuen Inkarnation auf Erden vollzieht, kann das Täterbewußtsein hin zum fehlenden Opferbewußtsein ausdehnen. Ist der Leidensdruck der Seele im Jenseits sehr groß, drängt sie in eine neue Verkörperung, um die ausstehenden Lektionen endlich zu lernen. Meist sucht sie sich dann eine Opferrolle oder wächst, wenn die Sehnsucht nach Wiedergutmachung in ihr lebendig geworden ist, in irgendeine Helferrolle hinein. Wer einstmals bei anderen Feuer gelegt hat, den zieht es dann mit magischer Kraft zur Berufsfeuerwehr, und er riskiert jetzt sein Leben, um Haus und Hof und das Leben anderer zu retten. Die Sehnsucht, sich in irgendeiner Weise für andere einzusetzen, entspringt vermutlich fast immer einem tiefersitzenden Schuldbewußtsein, das seine realen Wurzeln im Unterbewußtsein des Menschen hat. Wir sollen ruhig dieser Sehnsucht entsprechen, weil nur auf diese Weise alte negative Seelenprägungen umgewandelt werden können. Ich empfinde es als Gnade, daß der Schleier des Vergessens uns von jener Schuldenlast trennt. So kann der Mensch relativ unbeschwert den Weg zur tätigen Liebe finden.

Die Reinkarnationslehre wird in unserer Gesellschaft zunehmend diskutiert und war auch schon für Goethe und noch früher lebende Menschen ein wesentliches Thema. Ich möchte hier auf geschichtliche, besonders kirchengeschichtliche Berührungspunkte nicht zu sprechen kommen, da dies den Rahmen dieses Buches sprengen würde. Mir geht es hier vielmehr um die persönliche Erfahrung und Fragestellung des heutigen Menschen, der sich in einem erweiterten Lebenskontext zu begreifen beginnt. Die berechtigten Fragen, wer wir denn eigentlich sind, woher wir - vorgeburtlich - kommen und wohin wir - nach unserem Tode - gehen, verlangen neue, kirchliche Dogmen erweiternde und überschreitende Antworten. Aber es drängen sich auch Fragen auf wie folgende:

Wenn ein dreijähriges Kind bei einem Verkehrsunfall stirbt, hat es nur ein sehr kurzes Erdenleben zum Erfahrungen-Sammeln gehabt. Wann und wie werden die eventuell noch fehlenden »Lebensschulstunden« nachgeholt? Welche Vorbedingungen hat dieses Kind in seiner Seele getragen, damit es zu jenem Unfall kommen konnte?

Selbst mancher Normalbürger quält sich so recht und schlecht (oder rutscht auch locker-leicht) durchs Leben und hat am Ende das wesentliche Lebensthema, die vergebende Liebe, nicht verinnerlicht. Wie sieht sein weiterer Entwicklungsweg aus?

Wie steht es mit dem Thema »Abtreibung«? Wenn eine Seele nur *eine* Chance zur Verkörperung hätte, wäre ihr jede Lebensmöglichkeit auf Erden durch eine solche Tötung genommen (wobei man die Zeit ab der Befruchtung der Eizelle durchaus als Lebenszeit auf Erden bezeichnen kann).

Welches Schicksal erwartet einen Menschen, der im Konzentrationslager Auschwitz während des Dritten Reiches Menschen ermordet und sie dann wie Müll in Massengräber oder Verbrennungsöfen geworfen hat? Muß er nicht - zum Beispiel durch eine Abtreibung mit Kochsalzlösung oder Kaiserschnitt gegen Ende der Schwangerschaft - irgendwann selber dem qualvollen Tode ausgeliefert werden, wenn seine Seele bisher nicht zur Einsicht und reuevollen Umkehr bereit war?

Wie erklären sich die schweren Kinderschicksale (Geburtsfehler, ererbte Körperschäden, seelische Behinderungen), wenn die Seele vor der Geburt ein unschuldiges Wesen sein soll, das nie vorher lieblos gehandelt hat? Übrigens kommt hier der kirchliche Begriff der »Erbsünde« der Wahrheit schon wesentlich näher: Der Mensch ist aufgrund seiner Abgespaltenheit von Gott, der Einheit, an sich sündig. Von Unschuld kann, wenn wir das Menschsein nüchtern betrachten, überhaupt keine Rede sein. Als von der Ureinheit getrennte Wesen mit Ich-Bildung sind wir immer dazu "verurteilt", uns entscheiden zu müssen und unser Ich am Du zu entwickeln. Dieser Bewußtwerdungsprozeß läßt uns sündig, eben schuldig sein, bis wir den Weg in die Einheit vollendet haben werden.

Insofern geht es bei der Reinkarnation nie um Schuldzuweisungen, sondern vielmehr um die Übernahme der persönlichen **Verantwortung**, um aus den vollzogenen Schritten im Rahmen unserer Unvollkommenheit (irgend etwas *fehlt* uns ja immer, nämlich die eine Hälfte der Dualität, und genau das ist unser *Fehler*, der uns Schmerzen bereitet; ich bin auf diese Thematik in meinem Buch »Augenblicke des Erwachens« ausführlich eingegangen) zu lernen, nämlich die Grundproblematik des Menschseins, das Gespaltensein (Licht und Schatten) und das von der Einheit Abgesondertsein zu begreifen.

Wir können das Menschsein, das Sündigsein, als Strafe empfinden oder als Chance annehmen, bewußte Seelen-Individualisierung zu erfahren. Wir können *Individuen*, das heißt *Ungeteilte*, werden, wenn wir uns unserer Geteiltheit zunächst ehrlich bewußt geworden sind. Und dazu dient Reinkarnation: Geburt und Tod, Krieg und Frieden, Täter- und Opfersein zu erfahren. Sich in dieses Spannungsfeld mit einer Inkarnation hineinzubegeben bedeutet, zu diesem tiefgreifenden Wachstums- und Umwandlungsprozeß ja zu sagen. Machen wir uns nichts vor: Diese Welt der verbindlichen Stofflichkeit mit all ihrem Leid ist nicht als himmlischer Ruheort bestimmt worden. Es geht um fruchtbare Reifungsprozesse für alles Seiende auf Erden, um wirkliche Katharsis, um die Läuterung und die Reinigung von allen uns gefangenhaltenden Irrtümern und Täuschungen. Ob sich das dann auf der Bühne der Politik, am Küchentisch in x-Dorf oder auf den Schlachtfeldern des Balkans abspielt, ist nicht bedeutsam. Jeder Mensch hier auf Erden ist von diesem innersten Entwicklungsprozeß gefordert, muß dem Leben antworten und damit sein Denken, Fühlen, Wollen, Sprechen und Handeln verantworten. Was die Bibel schlicht und einfach als »Saat-und-Ernte-Gesetz« bezeichnet, scheint den meisten Menschen noch nicht bewußt geworden zu sein: Daß alles, was von mir ausgeht in Gedanken, Gefühlen, Worten und Werken Wirkungen tätigt und daß diese Wirkungen potenziert zu mir zurückkehren werden. Ich werde fühlen, wie sich der Betrogene einst gefühlt hat, den ich täuschte. Ich werde spüren, was der Ermordete empfand, als ich ihm den Dolchstoß versetzte. Ich werde all dies erfahren, wenn ich nicht vorher meine begangene Lieblosigkeit erkenne und bereue. Bereuen heißt, den Irrtum der eigenen Tat, den Verstoß gegen das göttliche Harmoniegesetz, zu erkennen. Dieses Bereuen und die Sehnsucht nach gnadenvoller Liebe vermögen die harten, gesetzmäßigen Konsequenzen eines Menschenschicksals grundlegend zu ändern. Wir haben es hier mit dem großen Mysterium von Gerechtigkeit und Gnade zu tun, das wir in seiner Tiefe mit unserem menschlich-begrenzten Bewußtsein nicht auszuloten vermögen. Insofern sollten wir uns vor allzu simplen Schicksalsberechnungen im Rahmen der Reinkarnation hüten. Liebe und Gnade bleiben unergründlich! Sie schenken sich nur dem demütigen, reuevollen Herzen. Versetze ich mich gedanklich und gefühlsmäßig in den "Feind", kann ich seinem Empfinden näher kommen und mich dabei in Frage stellen. Mir ist klar, wie sehr sich

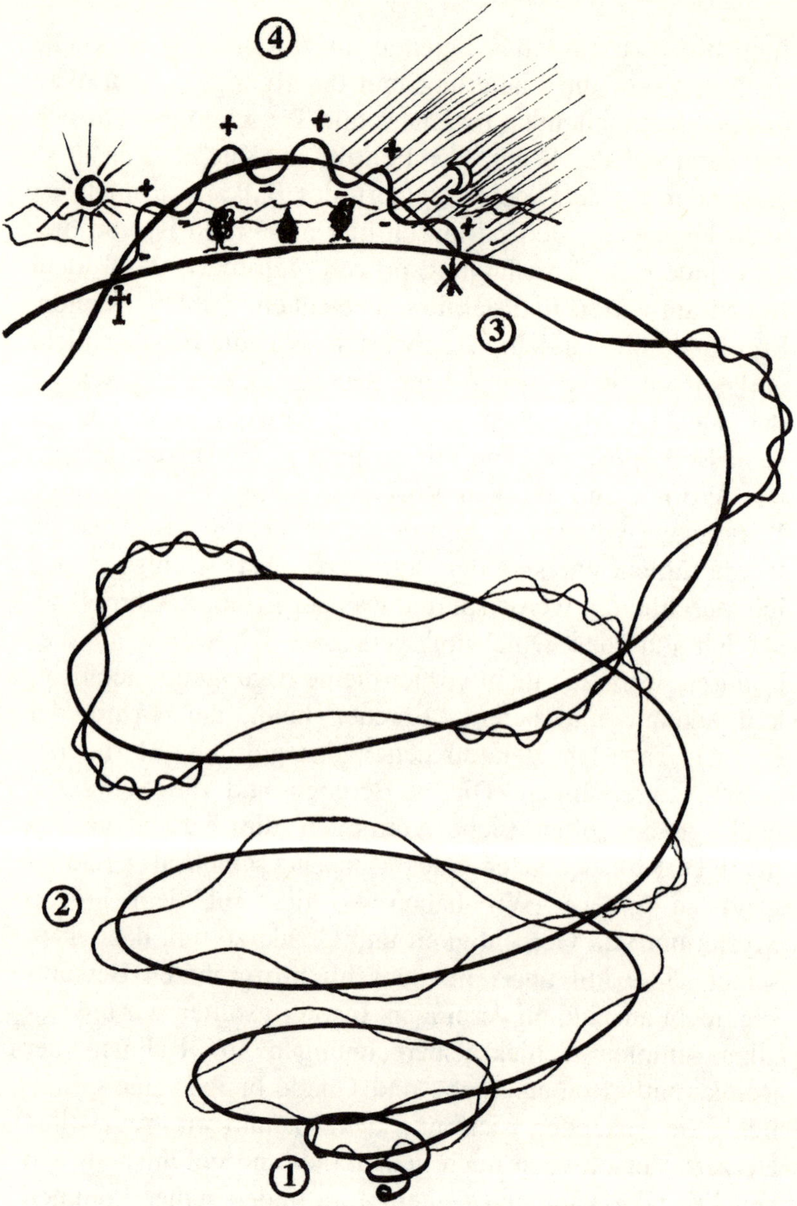

④
③
②
①

Der Entwicklungsweg der Seele im Rahmen der Reinkarnation

Die folgenden Darlegungen erläutern die gegenüberliegende Zeichnung. Auf einer dreidimensional gezeichneten Spiralbahn bewegt sich die Seele rhythmisch vom Jenseits ins Diesseits und wieder ins Jenseits (der die Spiralbahn durchkreuzende »Lebensfaden«). Geburt und Tod bilden die Schnittpunkte auf jener Spiralbahn. Schauen wir uns die verschiedenen Entwicklungsphasen genauer an:

1. Bereich der noch unreifen Seele, die sich im Zustand einer sehr egozentrischen Eigenschwingung befindet. Das materiebezogene, "verdichtete" Bewußtsein: hart, lieblos, gewalttätig. Die Entwicklung läuft langsam unter großen Qualen und Schmerzen ab. Der Mensch ist Täter und Opfer. Die Grausamkeiten der Jahrhunderte werden durchlebt: zum Beispiel spanische Inquisition und Dreißigjähriger Krieg.

2. Die Eigendrehung der Seele nimmt immer mehr ab, sie bearbeitet ihre individuelle Entwicklungsthematik. Der geistige Horizont weitet sich, der Austausch mit anderen Menschen wird wichtiger.

3. Die Jenseitsphase: Die Seele ruht sich aus, wertet die Erfahrungen der vergangenen Inkarnation aus und bereitet sich auf ein neues Leben auf Erden vor. Dann kreuzt sie mit der Inbesitznahme eines neuen Körpers (Zeugung) und ihrer Geburt die Spiralbahn und tritt in die neue Inkarnation ein.

4. Ein Leben auf Erden, im sogenannten »Diesseits« mit seinen Höhen und Tiefen, den kleinen »Toden und Geburten« (Plus- und Minuszeichen). Der Reifungsprozeß an der Polarität, bis der körperliche Tod die Seele wieder ins Jenseits führt. Der Reinkarnationszyklus endet, wenn sich die Seele der Liebe und Weisheit Gottes anvertraut und in jenseitigen Welten (anderen Planeten) lernen möchte.

der moderne Mensch gegen die Schuldthematik sträubt und mit unverständigem Kopfschütteln die möglichen Zusammenhänge zwischen KZ-Ereignissen und Abtreibungen oder körperlichen Behinderungen nicht einsehen möchte. Schmerzvoll ist es, in die Vergangenheit zu schauen. Darum läßt man sie auch lieber ruhen, schweigt, verdrängt und verleugnet. Doch wie wollen wir lernen, unsere Gegenwart bewußter und damit liebevoller zu gestalten, wenn wir die Vergangenheit, die immer nur scheinbar »vorbei und erledigt« ist, nicht in einen tiefgreifenden Wandlungsprozeß mit einbeziehen? Zeit ist etwas sehr Relatives, besonders wenn es um Schuld geht. Unser Rechtsbegriff der »Verjährung« stellt einen allzu menschlichen Irrtum dar, denn in der seelisch-geistigen Welt kann nichts »verjähren«. Dort zählt allein wirklicher Sinneswandel, der immer mit unserem innersten Fühlen und Empfinden zu tun hat und in ein aktives Handeln mündet. Fromme Absichtserklärungen oder Ansprüche auf »Verjährung« sind vor den ewigen Gesetzen nur Schall und Rauch.

Eine wichtige Frage in der Therapie lautet bei mir: Wem habe ich Schwierigkeiten und Not bereitet? Wer hatte unter mir zu leiden? Solche Fragen helfen, eigene Schattenseiten aufzudecken und versteckte »Schuldbomben« zu entschärfen, das heißt eigene Schuld zu erkennen und der Sehnsucht nach Bereinigung nachzukommen. Diese Wiedergutmachungen sind ein notwendiger Bestandteil der Entwicklung, können aber nicht die Erleuchtung des Bewußtseins, im höchsten Sinne die Erlösung von der Polarität dieser Welt, bewirken. Der Selbsterlösungsgedanke ist dem Christentum fremd und, wie ich meine, zu Recht. Es geht nicht darum, Tugenden im Lotussitz mit ständiger Mantramwiederholung bis zur totalen Erschöpfung zu üben. Allein die ichvergessene Liebe zählt. Sie ereignet sich spielerisch und leicht aus unserer tiefsten Mitte heraus. Dort sind wir ehrlich, rein und klar. Dort fallen alle Fassaden und Rollenspiele, zum Beispiel die Märtyrerrolle oder das Helfersyndrom, von uns ab, weil wir uns als Geliebte erfahren. Das Mysterium dieser Liebe und Wahrheit, die in Jesus Christus menschliche Gestalt angenommen hat, zu verinnerlichen bedeutet, nicht mehr neu auf diese Erde inkarnieren zu müssen. Die gnadenvolle Liebe zu empfangen, genau dies macht frei und erlöst die Seele von der Notwendigkeit weiterer Inkarnationen. Natürlich kann sich solch ein Mensch freiwillig dafür entscheiden, auf diese Erde zurückzukehren und leidenden, im Irrtum gefangenen Brüdern und Schwestern, ja allen Lebewesen zu dienen.

Ausgangssituation in dieser Welt ist für uns meist das Leiden. Allein die persönliche Not treibt die Seele zur Notwendigkeit, irgendwann nach dem Sinn des ganzen Erdendramas zu fragen. Sowohl das »Warum«, das nach Ursachen in der Vergangenheit fragt, als auch das »Wozu«, das zukunftsorientiert nach den Möglichkeiten der Weiterentwicklung sucht, kann weiterhelfen. Immer sind es Spiralbahnen, auf denen wir uns bewegen. Die grundlegenden Lebensthemen werden auf verschiedensten Ebenen wiederholt bearbeitet, bis sie in der Seele verwandelt und erlöst als geistige Bausteine die Individualität ausmachen. Der Mensch ist Schicksalsgestalter, eben seines Glückes oder Unglückes Schmied. Er muß verantworten, und Unwissenheit schützt vor den Folgen nicht.

Die Entwicklungsprozesse der Seele sind äußerst komplex und vielgestaltig und immer, was das Individuum betrifft, einmalig. Trotzdem wollen wir hier nach grundlegenden Strukturen und Gesetzmäßigkeiten forschen. Betrachten wir das behinderte Kind, so ergeben sich für mich heute ganz verschiedene Aspekte der inneren Zusammenhänge:

Die inkarnierte Seele hat in Vorleben zu stark den Bereich des Denkens entwickelt und den des Fühlens vernachlässigt. Die gesunde Entwicklung verläuft aber immer in den polaren Bereichen, zum Beispiel Denken und Fühlen, wechselschrittweise und hält sich die Waage. ”Wuchert“ aber ein bestimmter Entwicklungsprozeß, hier der des Denkens, führt dies zum Absturz bzw. ”Kurzschluß“ in einer späteren Inkarnation: Das Denken ist blockiert und das Fühlen muß entweder mühsam gelernt werden (der autistisch behinderte Mensch), oder es bricht wie eine Lawine ungehemmt hervor (der sog. mongoloid-behinderte Mensch). Ungleichgewichte führen immer früher oder später zu Krankheitsprozessen, die im höheren Sinne Gesundungsprozesse darstellen: das Fehlende wird jetzt mühsam, aber ehrlich erarbeitet, um wieder in die Mitte von zum Beispiel Denken und Fühlen zu gelangen.

Ein weiterer Aspekt beim behinderten Menschen soll hier erwähnt werden: Es gibt sehr weitentwickelte Seelen, die eine Behinderung freiwillig auf sich nehmen, damit die sie umgebenden Menschen an ihnen barmherzige Liebe üben können. Ich halte es sogar für möglich, daß Engel solch eine Inkarnation verwirklichen, um selber die Erfahrung der irdischen Gebundenheit zu machen und um an der Lieblosigkeitslast der Menschheit (»Schuld«, »negatives Karma«) mitzutragen.

Aufgrund meiner persönlichen Erfahrungen halte ich die Reinkarnation verständlicherweise für sehr wahrscheinlich, und ich begegne heute immer mehr Menschen, die mir aufgrund eigener Erlebnisse hierbei zustimmen. Doch schließe ich zunehmend die Möglichkeit der einmaligen Inkarnation auf Erden nicht aus. Wie viele andere Welten mag es noch geben, auf denen sich Leben vollzieht und wo auch wir Menschen weiterlernen können? Ich denke wir tun gut daran, in diesem Punkte für ein sich erweiterndes Blickfeld offen zu bleiben, wenn wir nicht Fanatiker werden wollen. Es gilt gewiß hier wie in so vielen anderen Streitfragen das Sowohl-Als-auch und nicht das starre Entweder-Oder. Der göttliche Schöpfergeist scheint mir so unendlich groß zu sein, und zugleich ist seine Ordnung so wunderbar präzise, daß ich mit dem Ausspruch »Das gibt es nicht« vorsichtig geworden bin, ja, am liebsten eher eine Frage offen lasse, als meinen begrenzten Verstand voreilig antworten zu lassen.

Ich bin fest davon überzeugt, daß viele "kranke“ Menschen in psychiatrischen Anstalten ein erweitertes Wahrnehmungsvermögen haben und so auch mit anderen Inkarnationsebenen in Verbindung stehen, was viel Leid mit sich bringt, wenn die Seele noch nicht fest auf dem Boden der verinnerlichten praktizierten Liebe steht.

Insofern rate ich grundsätzlich von der sogenannten Reinkarnationstherapie unter **Hypnose** ab. Jede Hypnosetherapie, die mit der Willensbrechung des Patienten einhergeht, ist gefährlich und kann viel Schaden anrichten. Welcher Therapeut hat wirklich den Überblick, wieviel Wissen über die eigene Vergangenheit der Patient ertragen und verkraften kann? Besonders die Therapeuten sollten sich um die geistige höhere Führung bemühen, die uns allen über die Engelssphäre zuteil werden kann. Dann respektieren wir den freien Willen des sich uns anvertrauenden Patienten und befolgen die zarten und klaren Impulse der weisheitsvollen Führung durch die Engel. Und wir wissen: Neugierde und Sensationslust haben meist immer schreckliche Leiden zur Folge und blockieren eine gesunde Entwicklung (zu unterscheiden vom echten Hunger nach Weiterentwicklung!) Neugierige, sensationslüsterne Menschen wollen nicht wirklich ernsthaft an ihren Schattenseiten arbeiten. Ihnen darf nur ihre Neugierde und die dahinterstehende unerträgliche Leere bewußt gemacht werden. Mehr wäre zunächst von Übel.

Die Unreife der Menschen im Umgang mit der Reinkarnation zeigt sich auch in vielen geistig-suchenden Interessengemeinschaften, wenn es um das Spiel »Wer war wer?« geht. Der Nervenkitzel ist natürlich entsprechend groß, wenn der hellsichtige Meister einen Blick in die Vergangenheit des Schülers wirft und plötzlich einen Jünger Jesu oder gar einen Erzengel vor sich sieht. Auch andere historische Größen, etwa die Komponisten der Klassik oder politische Führer - und immer wieder besonders religiöse Gestalten -, finden sich in bestimmten Kreisen neu zusammen und schwärmen von der guten alten Zeit. Bei solchen Verstiegenheiten hebt dann auch schnell mal der ein oder andere Suchende ab und verliert den Blick für die Wirklichkeit, nämlich die ewige Gegenwart mit ihren anstehenden Problemen. Man schöpft sehnsüchtig aus der sich zu eigen gemachten Vergangenheit anderer Menschen und schmückt sich aufgrund seines Minderwertigkeitskomplexes mit "fremden Federn". Wer wirklich sicher weiß, daß er eine hochstehende Persönlichkeit gewesen ist, der schweigt.

Die Abtreibung eines Kindes

Der sogenannte Schwangerschaftsabbruch stellt bei nüchterner Betrachtung die Tötung eines Menschen dar. Zusammenfassend kann aufgrund der bisher dargestellten geistigen Ordnung folgendes ausgesagt werden:

Der Mensch, bestehend aus Körper, Seele und Geist, existiert vor der Befruchtung der Eizelle als geistiges Seelenwesen in einer feinstofflichen Welt, die unsichtbar auch unsere materielle Welt durchdringt. Mit der Befruchtung bindet sich die Seele an den wachsenden Embryo, denn materiell neu entstehendes Leben bedarf einer geistig-seelischen Grundlage, sonst könnte es nicht existieren und zu einer körperlich differenzierten Wesenheit heranwachsen. Dies ist spätestens seit den Forschungen von Thorwald Dethlefsen und Prof. Dr. Erich Blechschmidt über das vorgeburtliche Leben bzw. über das Leben der Seele vor der Befruchtung durch sogenannte Rückführung unter Hypnose bekannt geworden.

Wichtig ist für unsere Betrachtung zunächst, daß sich eine Seele von der höheren Warte der feinstofflichen Welt die Eltern aussucht. Es sind meist Menschen, die sie aus Vorinkarnationen kennt und mit denen sie gemeinsam noch anstehende Lebensthemen ins Bewußtsein zu integrieren hat. Immer wieder bilden dabei Vergebung und Aussöhnung die großen zentralen Schicksalsthemen. Wirkliche Individualisierung wird nur auf der Basis zwischenmenschlicher Begegnungen möglich. Wir wachsen und reifen immer aneinander. Die "fluchtartigen" Inselträume eines Robinson Crusoe sind meist Zeichen von Überbelastung und daher allzu verständlich, führen aber nicht zur Lösung unserer Lebensaufgabe. Es gilt, sich in der Begegnung mit den Menschen zu bewähren.

Während der Befruchtung der Eizelle bindet sich also eine Seele mehr oder weniger fest an den entstehenden Leib. Im Idealfall zeugen diesen Körper zwei sich liebende Menschen, die sich dann, wenn die Schwangerschaft der Frau festgestellt worden ist, auf diese sich inkarnierende (in das Fleisch / in den Körper gehende) Seele freudig einstellen.

Bei der Tötung des Kindes, in welcher Schwangerschaftswoche auch immer, wird eine Seele auf brutale Weise vertrieben, von ihrem sich entwickelnden Körper weggetrieben. Getötet werden kann natürlich "nur" der Körper, was die Seele aber, wenn sie durch eigene karmische Vorbelastungen sehr stark an diesen Körper gebunden ist, als größte Qual erlebt. Es sei ein Vergleich eingefügt, den sicherlich viele Leser nachvollziehen können: Wenn wir als Kinder im Schwimmbad im Spiel von anderen zwangsweise untergetaucht wurden und nach Luft rangen, erlebten wir diese Lieblosigkeit rein subjektiv als grauenvoll und kämpften in Todesangst mit letzter Kraft um unser Leben. Ähnlich erlebt es die Seele bei den verschiedenen Tötungsverfahren, wenn sie schon eine feste Bindung mit dem Körper eingegangen ist. Es mag auch Seelen geben, die den Tod ihres Körpers aus einer ruhigen Distanz erleben, so wie die Geschwister Scholl bis zur Vollstreckung ihres Todesurteils auch gelassen geblieben waren. Dies zeugt von einer geistigen Stärke, die vermutlich aufgrund vieler Todeserlebnisse in Vorleben schon in die Seele eingeprägt worden ist.

Wir dürfen nie vergessen, wie sehr unsere Seelenschicksale und die verschiedenen persönlichen Inkarnationen miteinander verwoben sind. Aus meiner Sicht liegt dem ganzen Menschheitsgeschehen eine unermeßlich wundersame Ordnung zugrunde, die jeder Seele genau die notwendigen Erfahrungen für den Reifeprozeß ermöglicht.

Das Kind empfindet während der Schwangerschaft wesentlich mehr, als viele Menschen wahrhaben wollen. Allein die gedanklich geplante Tötung oder auch nur das Nicht-annehmen-Wollen des Kindes werden von der Seele wahrgenommen. Es taucht die Frage auf, ob nicht heutzutage sehr viele verhaltensgestörte, seelisch kranke Kinder, die sich als unerwünscht und deplaziert erleben, in solchen vorgeburtlichen Konflikten ihre ersten traumatischen Verletzungen erfuhren.

Die oft genannte Motivation zur Abtreibung, das Kind müßte in materieller Not aufwachsen und hätte keine günstigen Lebensbedingungen(»soziale Indikation«), ist aus der rein materiell begrenzten Sicht durchaus verständlich. Jedoch geht es in erster Linie darum, einer Seele die Chance zum Wachsen und Reifen durch Erfahrungen-Sammeln hier auf Erden zu geben. Vielleicht braucht auch eine Seele die Erfahrung der materiellen Armut, um das seelisch-geistige Reichsein, die Liebe, kennenzulernen. Natürlich sind wir gefordert, Verantwortung für die Schwachen unserer Gesellschaft zu übernehmen und ihnen materielle wie geistige Entwicklungshilfen zukommen zu lassen. Die »soziale Indikation« wäre überflüssig, wenn Eltern und Kindern die nötigen Finanzhilfen (Arbeitsplatzschaffung, freie Kindergartenplätze mit Kleingruppen, ganzheitlicher Schulunterricht, Erziehungsgelder, Hausfraueneinkommen und Hausfrauen-Mutterrente etc.) durch ein paar weniger produzierte Panzer und Raketen zugestanden würden.

Heutzutage wird Liebe oft mit Wohlstand, einem hohen Lebensstandard, verwechselt. Wohin solch ein Denken führt, das sehen wir an der jungen Generation: eine No-future-Mentalität und blinde Aggression machen sich breit, oder man lebt als aggressiver Aufsteiger mit gut trainierten Ellbogen einen oberflächlichen Wohlstandsegoismus.

Die Unsinnigkeit der »sozialen Indikation« wird deutlich, wenn wir uns das folgende Schreckensszenario als "verlängerte Linie" dieser Einstellung ausmalen: Es wird Eltern, die sich in materieller Not befinden, erlaubt, ihre Kinder bis zum 2 Lebensjahr "einschläfern" zu lassen. Bei herumstreunenden Kindern dehnt man die Altersgrenze auf das 10. Lebensjahr aus, und staatliche Behörden übernehmen die Durchführung der Tötung. Ich behaupte, daß aufgrund der *Realität der Seele und ihrer Verkörperung* bei der »sozialen Indikation« grundsätzlich nichts anderes geschieht, als wie es das eben geschilderte Szenario zu beschreiben versucht.

Wir können uns frei für oder gegen Abtreibung entscheiden. Übrigens sind der Vater des Kindes sowie der die Tötung durchführende Arzt genauso für diese Tat verantwortlich; auch wer schweigend zuschaut, muß an den seelisch-geistigen Konsequenzen mittragen.

Fassen wir zusammen: Es geht um die Verkörperung einer Seele. Eine schwangere Frau in materieller Not (die ich durchaus nicht wegdiskutieren will!) hat die Möglichkeit, sich an verschiedene Hilfsorganisationen zu wenden, die am Ende dieses Buches aufgeführt sind. Wenn eine Mutter ihr Kind völlig ablehnt, so ist wohl die Adoption noch die beste Notlösung. Immer mehr Eltern bekommen, aus welchen Gründen auch immer, keine eigenen Kinder. Sie warten sehnsüchtig auf eine Seele, der sie Liebe schenken können.

Nach- und Spätwirkungen

Die Folgen einer oder mehrerer Abtreibungen sind in den vergangenen Jahren aufgrund eingehender Befragungen betroffener Frauen immer deutlicher geworden: Reue- und Schuldgefühle, Selbstvorwürfe, Stimmungsschwankungen und Depressionen, unmotiviertes Weinen, Angstzustände, Selbstmordgedanken und schreckhafte Träume.

Oft wird der mühsame Weg einer jahrelangen Psychotherapie beschritten. Es ist sehr wichtig, sich klarzumachen, daß eine Abtreibung die gewollte Tötung eines Menschen darstellt. Es wird viel vom Selbstbestimmungsrecht der Frau gesprochen, doch wer dieses Recht egoistisch durchsetzen will, versäumt die Pflicht, das aufkeimende Leben eines Menschen zu achten und zu schützen. In unserer heutigen Gesellschaft ist das Verantwortungsbewußtsein für den ungeborenen Menschen nur sehr schwach entwickelt, angefangen bei den Müttern, ihren Partnern, Familien und Freunden, über die Ärzte, die solche Tötungen vornehmen, bis hin zu den Politikern, die die Abtreibung gesetzlich erleichtern oder gar ganz freigeben.

Auch wenn die Frage nach dem Schuldigsein in unserer liberalen Welt sehr unpopulär ist (im Zweifelsfall sind es immer die anderen.), so können sich die betroffene Frau und der zugehörige Vater nicht an dieser Frage vorbeischleichen. Gewiß, man kann sie ausklammern, vielleicht sogar ein Leben lang, aber die geheimen Auswirkungen, jene Spätfolgen, werden sich ihren Weg in der Seele des Betroffenen unerbittlich bahnen. Ich möchte im Rahmen von »Schuld und Sünde« eher von »Lieblosigkeit« sprechen. Dabei unterscheide ich

a) die **TAT-Lieblosigkeit** (Tat-Sünde), also das lieblose, kaltherzige, grausame HANDELN und

b) die **UNTERLASSUNGS-Lieblosigkeit** (Unterlassungs-Sünde), also zum Beispiel die unterlassene Hilfeleistung bei einem Autounfall oder die unterlassene Hilfeleistung zur Abwendung der Tötung eines Menschen.

Wie oft befinden sich wohl Frauen in einem schweren Konflikt nach Feststellung der Schwangerschaft, wenn der Freund, die Eltern oder die Verwandten sie allein lassen und nicht helfen, den ungeborenen Menschen am Leben zu erhalten!? Schmerzlich wird die Lage besonders dann, wenn sich die Frau das Kind wünscht und alle anderen "Ratgeber" dagegensprechen und ihr die Unterstützung entziehen. Wer das (körperliche) Leben eines Menschen auslöscht oder daran beteiligt ist, muß auch die Konsequenzen seiner lieblosen Tat eines Tages ertragen. Entscheidend für die Schwere der Folgen ist das **Motiv des Handelns**. Unser Kosmos wird von einer alles durchdringenden geistigen Kraft und Gerechtigkeit gesteuert. Es wird genau abgewogen, bei wem eine wirklich seelische Not zu einer Abtreibung geführt hat oder von wem leichtfertig und gedankenlos die Tötung vorgenommen worden ist. Wir können vor dieser geistigen Intelligenz, die wir auch als universelle Liebe oder Gott bezeichnen mögen, unsere geheimsten Regungen und Motive nicht verborgen halten. Der Glaube, man könnte etwas für immer geheimhalten oder es würde irgendwann verjähren, ist nur ein allzu menschlicher Irrtum - eine Täuschung. Wir können genausowenig bei einer Bank Schulden machen und dann sehr naiv auf eine Verjährung hoffen.

Mir ist klar, wie schwer es vielen Menschen fällt, angesichts der Kriege, Hungersnöte, der Umweltverschmutzung und der Seuche »Aids« den übergroßen Wert des irdischen Lebens schätzen zu lernen. Wir brauchen ein erweitertes Blickfeld, ein tieferes Menschenverständnis, um all die äußeren Katastrophen als (leider) notwendige "Nachhilfestunden" im Reifungsprozeß der Seelen zu erkennen. Hier setzt unter anderem der Gedanke der Reinkarnation ein. Aus dieser Sicht wird die Welt immer nur zum Spiegel für innermenschliche, seelische Entwicklungsprozesse. Die technische Revolution seit der Erfindung der Dampfmaschine kann uns veranschaulichen, wie steil plötzlich die Entwicklungskurve ansteigt: von der Postkutsche zur Eisenbahn, zum Automobil, zum Flugzeug, zur Rakete und zu einem Spaziergang auf dem Mond. Parallel dazu hat unsere seelische Entwicklung - um es mal vorsichtig auszudrücken - nicht ganz Schritt gehalten. Das Fühlen ist vom Denken überholt worden, und so fürchten wir uns zurecht vor einer roboterhaften kalt-grauen Zukunft. Doch sollten wir diese Erkenntnis als Herausforderung begreifen, den Denkprozessen, die losgelöst vom ethischen Empfinden Eiseskälte und Brutalität erzeugen, eine neue Richtung zu geben. Denken und Fühlen müssen wieder zu einer gesunden Einheit zusammenwachsen, um ein sinnvolles, auf der Basis gelebter Religio(n) entspringendes Wollen und Handeln zu bewirken. Doch um all dies zu ermöglichen, braucht es besonders eines: Stille. Der moderne Mensch hat sich im lärmenden Getriebe der grauen Alltäglichkeiten verloren. Er spürt sich selber in seiner Verbindung zum Leben nicht mehr - allenfalls nimmt er Schmerzen und Qualen wahr, die dann durch verschiedenste Suchtmittel betäubt werden.

Die Erde ist Durchgangsstation, eine Schule, die wir besuchen und wieder verlassen. Dem Wesen der vollkommenen Liebe und Weisheit näherzukommen, das ist unser aller Auftrag. Dabei werden alte Fehler durch liebevolle Taten in den verschiedenen Inkarnationen bereinigt. Diese

Chance zur Bereinigung, zum Lernen, das ist Schicksal im konstruktivsten Sinne. *Wir* sind die Gestalter dieses Schicksals, *wir* haben es zu verantworten und *wir* können den Weg in die Freiheit der Liebe beschreiten.

Empfängnisregelung, Empfängnisverhütung und Abtreibung

Zurück zur Abtreibung. Ich möchte hier die verschiedenen Tötungsverfahren genauer beschreiben, denn Unwissenheit oder die »Augen-zu-und-durch-Mentalität« schützen vor den Folgen nicht. Dazu sei mir erlaubt, ein paar unangenehme Fakten aus dem Buch »Abtreiben? - Fragen und Entscheidungshilfen« von Lothar Gassmann und Ute Griesemann (Christiana-Verlag) zu zitieren (A1):

"Nun wollen wir die Abtreibungsmethoden im einzelnen betrachten. Vorbemerkung: Es gibt natürliche Fruchtabgänge, die man nicht mit künstlich herbeigeführten Abtreibungen gleichsetzen darf:

- **Verluste** des befruchteten Eies vor der Einnistung in die Gebärmutter;
- **Fehlgeburten** bei zu früh einsetzender Wehentätigkeit mit meist tödlichem Ausgang für das Kind.

Der Tatbestand, daß diese natürlichen Fruchtabgänge vorkommen, kann kein Argument für eine generelle Freigabe von Abtreibungen sein. Der Mensch ist nicht berechtigt, eine natürliche Sterblichkeitsrate willkürlich künstlich zu erhöhen. Das wäre dann Tötung.

Welches sind nun die Methoden der Abtreibung?

Die frühestmögliche Frist, in der künstliche Abtreibungen vorgenommen werden, ist die Zeit zwischen der Befruchtung und der Einnistung der befruchteten Eizelle in die Gebärmutterschleimhaut (vom 1. bis ca. 14. Tag). Schon bevor man überhaupt weiß, ob beim Geschlechtsakt neues Leben begonnen hat, wird die befruchtete Eizelle an der Einnistung (Nidation) und damit am Weiterwachsen gehindert. Wie geschieht das? ? Es geschieht:

- durch die »**Spirale**« und ähnliche Mittel, die in der Gebärmutter getragen werden;
- durch die »**Pille-danach**« (morning-after-pill), bestehend aus dem Hormon Gestagen oder aus einer Gestagen-Östrogen-Kombination.

Man muß sich bewußtmachen, daß das keine Empfängnisverhütungsmittel sind, sondern Mittel zur Frühabtreibung. Wie wir in Kapitel eins gesehen haben, beginnt das Menschsein nämlich nicht erst mit der Nidation am 14. Tag nach der Empfängnis, sondern bereits am 1. Tag mit der Empfängnis selber. Insofern ist ein Gebrauch dieser Mittel ethisch unverantwortlich und ihre Bezeichnung als »Verhütungsmittel« wissenschaftlich unhaltbar. Es handelt sich hier um die Tötung eines Menschen im frühesten Abschnitt seines Lebens. Wenig bekannt ist die Tatsache, daß nicht nur die »Pille-danach«, »Spirale« u. ä., sondern daß auch die sogenannten »Pillen« (Anti-Baby-Pille, Minipille; auch andere Hormonpräparate, z. B. »Spritzen«) eine frühabtreibende Wirkung haben können. Sie sollen den Schleim im Gebärmutterhals (Zervix-Schleim) für die Samenzellen undurchdringlich halten und die Bereitstellung eines unbefruchteten Eies (Ovulation) verhindern. Das ist ihre verhütende Wirkung, die jedoch vielfach nicht eintritt, vor allem bei niedriger Hormondosierung (Minipille!), unpünktlicher Einnahme usw. Da wegen Angst vor Nebenwirkungen heute der Trend zu niedriger Dosierung geht, rechnen Fachleute mit bis zu 50 Prozent (!) Versagerquote bei

Pillen bezüglich Verhütung, das heißt: in bis zu 50 Prozent der Fälle tritt ihre verhütende Wirkung nicht ein. Worauf beruhen dann trotzdem ihre Erfolge? Auf ihrer nidationshemmenden Zweitwirkung. Die Pillen- und Hormonpräparate verändern Gebärmutterschleimhaut und Eileiter in der Art, daß im Fall einer Befruchtung die befruchtete Eizelle abgestoßen wird. Dann stirbt nicht einfach eine Ei- oder Samenzelle, sondern eine befruchtete Eizelle: ein Mensch in seiner kleinsten Erscheinungsform.

Damit ist nichts zur Frage der »Empfängnisregelung« allgemein gesagt, aber zu »Verhütungsmitteln«, die nicht einmal Verhütungsmittel sind, sondern Frühabtreibungsmittel. Empfängnisregelung, Verhütung und Abtreibung sind klar auseinanderzuhalten.

Die gebräuchlichsten Abtreibungsmethoden zwischen der 2. und 12. Schwangerschaftswoche sind Curettage und Absaugen.

Curettage: Der Arzt dehnt mit Hilfe von Instrumenten den Muttermund, der fest verschlossen ist. Das ist sehr schmerzhaft, deshalb wird die Frau betäubt. Bei der Dehnung kann es zu Einrissen kommen, besonders bei jungen Mädchen. Dann wird ein scharfes, gebogenes Messer (Curette) durch die Scheide in die Gebärmutter eingeführt. Der Körper des Kindes wird in Stücke zerschnitten. Damit keine Körperteile zurückbleiben, muß der Chirurg die Gebärmutter ausschaben, wobei es zu Verletzungen und heftigen Blutungen kommen kann. Falls er einen Körperteil vergißt, entstehen Infektionen und Entzündungen. Deshalb muß die assistierende Krankenschwester oder Helferin die herausgeholten Körperteile des Kindes zusammensetzen, um sicherzustellen, daß die Gebärmutter leer ist.

Martha Ehler schildert aufgrund von Tatsachenberichten die Nöte eines Mädchens bei einer Abtreibung: »Ich hatte jedenfalls große Angst. Hätte meine Mutter mich nicht fest an der Hand gehalten, wäre ich sicher weggelaufen! Als ich drankam, ging sie mit zum Operationsraum und redete mir zu, ich solle doch vernünftig sein. Auf dem Operationsstuhl fühlte ich mich total ausgeliefert, zitterte vor Angst und Widerwillen, rief: Nein, nein, ich will nicht! und wollte heruntersteigen. Aber der Narkosearzt hielt meinen Arm schon fest. Ich hörte nur noch: »Aber, aber, kleines Fräulein, es ist nicht so schlimm! Gleich ist es vorbei!«, und dann war ich weg. Als ich wieder aufwachte, lag ich in einem Bett und war sehr enttäuscht, daß ich nicht gestorben war. Ich war traurig und weinte so sehr, daß eine Krankenschwester kam und mir mit der Bemerkung, ich solle mich doch nicht so anstellen, eine Beruhigungsspritze gab. Ein paar Stunden später ging ich dann mit meiner Mutter weg, aber am nächsten Tag mußte ich wieder hin, da ich eine sehr starke Blutung bekam. Als ich dort auf die Toilette ging, kam etwas heraus, ein Teil des Körpers meines Kindes! Ich konnte richtig die kleinen Rippen erkennen! Das war schrecklich für mich!«

Absaugen: Auch hier wird der Muttermund gewaltsam gedehnt. Dann wird ein Saugrohr eingeführt. Durch einen Sog, der etwa zehnmal stärker ist als der eines Staubsaugers, wird das Kind mitsamt Plazenta (Mutterkuchen) in Stücke zerrissen und als »Gewebebrei« abgesaugt. Oft kann man in diesem blutroten »Brei« noch winzige Ärmchen und Beinchen erkennen. Oft ist auch eine »Nachbehandlung« nötig, wobei mit einer Curette die zurückgebliebenen Körperteile ausgeschabt werden müssen. Die Unsicherheit, ob Körperteile in der Gebärmutter zurückgeblieben sind, ist hier infolge der schlechten Erkennbarkeit der herausgeholten Teile größer als bei der Curettage und die Infektionsgefahr somit höher. Auch bleiben umliegende Organe und Gewebeteile der Mutter von der Saugwirkung nicht immer verschont.

Patti McKinney ist 2. Vorsitzende der amerikanischen Organisation WEBA (Woman Exploited by Abortion), eines Zusammenschlusses von Frauen, die abgetrieben haben und die andere Frauen nun vor diesem Schritt warnen möchten. Sie berichtet von einem besonders schlimmen Fall: Bei einer Absaug-Curettage wurde einer 23jährigen Frau die Gebärmutterwand durchbrochen. Das Instrument drang in die Bauchhöhle ein. Nicht nur ihr Kind wurde abgesaugt, sondern auch ein Eileiter, ein Eierstock und fast der ganze Dünndarm. Sie muß nun 12 - 14 Stunden am Tag an einer Maschine angeschlossen sein, die sie künstlich ernährt.

Die **Prostaglandin-Hormon-Methode** gelangt vor allem in späteren Phasen der Schwangerschaft zur Anwendung. Die Substanz wird in die Gebärmuttermuskulatur gespritzt und löst anhaltende Geburtswehen aus. Wenn das Kind die Wehen übersteht, kommt es lebend zur Welt und wird dann dem Tod überlassen. Diese Methode ist äußerst schmerzhaft durch Wehen und Krämpfe bis hin zum Kollaps. Zu 42,6 Prozent treten Komplikationen bei der Frau auf: Verletzungen an der Gebärmutter; eventuelle Reste des Kindes und der Plazenta müssen abgesaugt werden (mit entsprechenden Folgen); ferner Übelkeit, Erbrechen und anhaltende starke Gebärmutterkrämpfe.

Die **Salzverätzung** wird bisher hauptsächlich in den USA durchgeführt (wobei man allerdings wissen muß, daß sie in Deutschland unter der Hitlerdiktatur entwickelt wurde). Da sie aber jederzeit auch im deutschsprachigen Raum wieder eingeführt werden kann, müssen wir sie hier darstellen. Die Salzverätzung wird ab der 16. Schwangerschaftswoche angewandt, sobald sich genügend Fruchtwasser in der Fruchtblase gebildet hat. Man stößt eine lange Nadel durch die Bauchdecke der Mutter in die Fruchtblase. Eine konzentrierte Kochsalzlösung wird eingespritzt. Das Kind, das in der Fruchtblase schwimmt, verschluckt die Flüssigkeit. Lungen und Magen werden vergiftet, die Haut vollkommen verätzt und verbrannt, so daß das rohe Fleisch freigelegt wird. Es dauert 1 bis 2 Stunden, bis der qualvolle Todeskampf beendet ist.

Eine Frau berichtet: »Ich spürte, wie das Kind in mir hin und her fuhr, vor und zurück, und schließlich still wurde, getötet von der Kochsalzlösung. Nach 2 Tagen kam es heraus. Ich bekam einen schrecklichen Schock.«

Abtreibungen gegen Ende der Schwangerschaft werden durch einen **»kleinen Kaiserschnitt«** (Hysterotomie) durchgeführt. Bauch und Gebärmutter werden chirurgisch aufgeschnitten und das Kind - meist lebend - herausgeholt. Oft bewegt es sich und schreit sogar. Dann wird es lebend in einen Abfalleimer geworfen und dem Tod ausgeliefert - während man gleichzeitig in demselben Krankenhaus alles versucht, um gleichaltrige frühgeborene Kinder zu retten.“ (Zitat A1 Ende)

Die neue »Abtreibungspille **RU 486**« soll an dieser Stelle noch kurz erwähnt werden. Mit ihrer Hilfe wird ein frühzeitiger »Abgang« des Kindes hormonell eingeleitet. In Frankreich ist eine medikamentöse Abtreibung mit »RU 486« in Kombination mit Prostaglandinen seit drei Jahren möglich. Bis zum 49. Tag nach der letzten Regelblutung (in Großbritannien bis zum 63. Tag) ist dort diese Form der Abtreibung zulässig. Der Informationsrundbrief der »Aktion Lebensrecht für alle« vom 1. Quartal 1993 berichtet über einen Kongreß vom 5. und 6. Dezember 1992 in Frankfurt (Veranstalter: International Planned Parenthood Federation Europe Region, der britische Birth Control Trust und Pro

Familia Deutschland), auf dem über die Überwindung der Widerstände gegen »RU 486« gesprochen wurde. Darin heißt es:

"»RU 486« soll nach dem Willen der Kongreßveranstalter allen Frauen zugänglich gemacht werden. Durch Sprachkosmetik soll die Akzeptanz der Abtreibung mit »RU 486« erhöht werden. "Abtreibung mit Anti-Gestagenen" oder "medikamentöse Frühabtreibung" sind Alternativen, in denen wenigstens noch deutlich wird, daß es sich tatsächlich um eine Abtreibung handelt; bei der vorgeschlagenen Bezeichnung "contragestion" (= "Gegenschwangerschaft") für eine Abtreibung mit »RU 486« dagegen handelt es sich um eine Verschleierung des tatsächlichen Sachverhaltes."

Angesichts der wachsenden Überbevölkerung unseres Planeten brauchen wir eine Form der Familienplanung, die ohne die ständige Tötung aufkeimenden Lebens auskommt. Die realitätsfremden Forderungen der katholischen Kirche (z.B. Verbot von Kondomen und das Gebot der fruchtbaren Vermehrung, d.h. möglichst viele Kinder zur Welt zu bringen) stürzen die Menschen besonders bei diesem Thema in schwerste Konflikte, wenn sie sich überhaupt noch von solchen päpstlichen Weisungen beeindrucken lassen. Was bleibt nun als Mittel der Familienplanung für denjenigen übrig, der auf keinen Fall menschliches Leben töten möchte? Zum einen stellt das Kondom wohl die am einfachsten praktizierbare Lösung ohne medizinische Nebenwirkungen für Mann oder Frau dar. Doch lesen wir dazu aus dem schon erwähnten Buch noch einmal folgendes (A2):

"Wirklich künstliche Verhütung (ohne abtreibende Wirkung) erfolgt im Grund nur durch Kondom, Vaginalschaum und Coitus interruptus (unterbrochener Beischlaf). Sterilisation bringt neue Probleme, denn dieser Eingriff ist normalerweise nicht rückgängig zu machen. Was dann, wenn zu einem späteren Zeitpunkt Kinder erwünscht sind?

Empfängnisregelung ist natürliche Geburtenplanung. Sie orientiert sich am von Gott geschenkten Rhythmus der fruchtbaren und unfruchtbaren Tage der Frau. Und das Erstaunliche: die hiernach entwickelte symptothermale Methode ist (ohne abtreibende Zweitwirkung) bei richtiger Anwendung ebenso sicher wie die »Pille« (99 - 100 %), dazu noch völlig unschädlich und ehefördernd (z.B. durch die notwendige Rücksichtnahme auf den Partner). Durch Beobachtung von Scheidenausfluß, Zervixschleim und Aufwachtemperatur lassen sich die fruchtbaren und unfruchtbaren Tage bei der Frau genau bestimmen. Ein bestimmtes Maß an Selbstdisziplin gehört freilich dazu. Selbstdisziplin ist aber ohnehin die Voraussetzung jeder ernsthaften Partnerschaft."

Eine weitere Möglichkeit der Empfängnisregelung erschließt sich dem spirituell offenen Menschen, der in der sexuellen Vereinigung alle drei Seins-Ebenen, Körper, Seele und Geist, zu erfahren sucht: der Geschlechtsverkehr ohne Orgasmus. Für viele Menschen sicherlich schwer vorstellbar wird hier die Sexualkraft bewußt angenommen und auf einer intensiv dynamischen Ebene in Fluß gehalten, ohne dabei eine Entladung oder einen Spannungsverlust einzuleiten. Natürlich erfordert dieser Weg zuvor innere Entwicklungsschritte. Beide Partner pflegen einen intensiven Austausch, besonders, was das Gefühlsleben betrifft. Gefühle gedanklich fassen zu können und frei mitzuteilen, besonders das sexuelle Verlangen ehrlich sich selber und dem anderen gegenüber einzugestehen, dies sind Grundvoraussetzungen, um mit der Lebenskraft weise und liebevoll umzugehen. Diese Lebenskraft steigt über die Sexualregion in uns auf (Wurzelchakra) und kann auf den verschiedensten Ebenen bewußt gelebt werden. Der Weg der »Orgasmus-Enthaltung« bedarf einer hohen Feinfühligkeit, Selbstdisziplin und des innigen Wunsches, dem Partner wirklich zu begegnen, sein Wesen im eigenen Wesen zu erfahren.

Gesetz und Wirklichkeit

Gesetze vermögen das Problem der Abtreibung nicht annähernd zu lösen. Im Dritten Reich gab es Gesetze, die schwerste Verbrechen, ja sogar Mord zu rechtfertigen schienen, und viele Menschen meinten rechtmäßig danach handeln zu dürfen. So wird schnell klar, daß dieses irdische, von Menschen gemachte Recht mit seiner daraus folgenden Moral vor dem göttlichen Harmoniegesetz der Liebe keinen oder nur relativen Bestand hat. Allein unser Herz, unsere tiefsten seelischen Beweggründe zählen im höheren verbindlichen Sinne. Die göttliche Ordnung hat kosmischen, ewigen Charakter und ist nicht nur auf eine Legislaturperiode beschränkt. Alle Lieblosigkeit zerstört sich am Ende selber, so wie jede Blutdiktatur immer irgendwann zugrunde gegangen ist.

Gesetze, die die Abtreibung erschweren, stellen ein notwendiges Übel dar, das den relativ unbewußten Menschen daran hindern soll, zu leichtfertig in sein eigenes Unglück zu rennen. Mir selber geht es nicht um Verbote, sondern um Aufklärung über die Hintergründe der Abtreibung. Darum dieses Buch! Die Zeit scheint reif zu sein, über den seelischen und damit jenseitigen Bereich dieses Themas sowie über die »Reinkarnation« öffentlich zu sprechen. Unsere ach so aufgeklärte Gesellschaft darf die Augen vor der eigenen Verantwortung und den im Verborgenen ablaufenden Prozessen nicht verschließen, wenn sie geistig mündig und zu einem sinnerfüllten Leben finden möchte, das die Grenzen des Todes überwindet. Wir sind zum Leben Berufene, oder auch zum Leben Verurteilte, um mit der Hauptfigur aus Hermann Hesses Roman »Der Steppenwolf« zu sprechen. Wie schmerzvoll schwierig wir uns dieses Leben gestalten, das hängt vom Maß unserer Ignoranz, unserer Unverständigkeit ab. Wer den Mut hat, sich und sein Handeln in Frage zu stellen und nach neuen, weisen und liebevollen Lösungen sucht, der wird Hilfe empfangen. Am Anfang dieses Weges stehen der gute Wille und viele Fragen.

Die Wirklichkeit läßt sich nicht in Zahlen fassen, aber manchmal deuten Zahlen die dahinterstehende Wirklichkeit an. Zunächst ein paar Zahlen von 1986/87, die sich wohl eher noch nach oben hin entwickelt haben:

1986/87: Täglich werden ca. 700 bis 1000 Abtreibungen in der Bundesrepublik Deutschland vorgenommen. In den USA kommt auf drei Geburten eine Abtreibung. Jährlich werden ca. 1,5 Millionen Kinder in den USA abgetrieben. Weltweit haben wir ca. 45 bis 55 Millionen Abtreibungen pro Jahr.

Um den aktuellen Stand von 1992 darzulegen, folgen Auszüge aus einem Antwortbrief der »Aktion Lebensrecht für Alle e.V.«:

"Wie das Statistische Bundesamt jedoch selbst anmerkt, sind die erhobenen Zahlen, die auf einer Meldepflicht der Ärzte beruhen, nur unter Vorbehalt zu beurteilen. Zum einen läßt immer noch eine Reihe von Frauen die Abtreibung im Ausland vornehmen, und zum anderen wird ein erheblicher Teil der Abtreibungen nicht gemeldet bzw. von den Ärzten nicht als Schwangerschaftsabbruch angegeben. Belege für die letztere Vermutung liegen insbesondere aus der Bundesärztekammer vor, die in den alten Bundesländern mit einer jährlichen Abtreibungsquote von etwa 200.000 bis 250.000 rechnet. Diese Schätzungen beziehen sich in erster Linie auf die tatsächlich von den Ärzten bei den Krankenkassen abgerechneten Abtreibungen. Andere Untersuchungen sprechen sogar von 300.000 bis 350.000 Abtreibungen (Ketting/ van Praag 1985).

Nicht erfaßt sind dabei die verdeckt durchgeführten Abtreibungen, die als »Gebärmutterausschabung« u. ä. deklariert werden. Bei den Auslandsabtreibungen kann von einer Zahl von ca. 25.000 ausgegangen werden, wovon nach wie vor der Großteil in den Niederlanden vorgenommen wird.

Verläßliche Zahlen für die neuen Bundesländer liegen zur Zeit noch nicht vor. Nach verschiedenen Angaben kann davon ausgegangen werden, daß die Zahl der Abtreibungen im Jahr 1989 etwa bei 100.000 gelegen hat. Da in den neuen Bundesländern die Zahl der Schwangerschaften und damit auch der Geburten und Abtreibungen allerdings erheblich zurückgegangen ist, dürfte diese absolute Zahl heute nicht zu halten sein. Informationen aus der Lebensbewegung in den neuen Ländern sprechen jedoch davon, daß die Zahl der Geburten in wesentlich größerem Maße gesunken ist als die Zahl der Abtreibungen. Prozentual im Verhältnis zu den Geburten sei daher davon auszugehen, daß die Abtreibungsquote sogar gestiegen sei.

Wie hoch die Zahl der Abtreibungen durch die Einnahme der sogenannten »Pille danach« in der Bundesrepublik ist, kann zur Zeit noch nicht gesagt werden. Da bestimmte Organisationen (»Pro Familia«) diese Methode jedoch zunehmend empfehlen, ist in den nächsten Jahren mit einem Anstieg der Zahlen zu rechnen."

Zum Abschluß dieses Kapitels möchte ich noch ein weiteres apokalyptisches Kapitel unserer Zeit streifen:

Embryonen- und Fötenhandel und deren Verwendung in der kosmetischen und pharmazeutischen Industrie (»Embryo« = Bezeichnung des Menschen bis zum 3. Schwangerschaftsmonat, »Fötus« oder »Fetus« = nach dem 3. Schwangerschaftsmonat bis zur Geburt). In seinem Buch »Rohstoff Mensch« ist Roland Rösler der Frage nachgegangen, was denn mit all den getöteten Kinderleibern der vielen Abtreibungen geschieht. Ein internationales Netz von Embryonen- und Föten-Händlern beliefert Kosmetik- und Pharmakonzerne, wo abgetriebene Kinder zum Beispiel in kosmetischen Hormonpräparaten und Potenzmitteln verarbeitet und zu wissenschaftlichen Experimenten verwendet werden. Verharmlosend wird dann meist von »embryonalem Zellmaterial« oder »Schwangerschaftsgewebe« (»Pro-Familia-Prospekt«) gesprochen.

Eine der Ausgaben der zeitkritischen Illustrierten »stern« vom Frühjahr 1993 beschreibt die kostenlose Abtreibungspraxis in einem Moskauer Krankenhaus, wo Frauen bis kurz vor der Geburt ihr Kind töten lassen können. Auf diese Weise kommt man an schon gut entwickelte Organe und Gewebe heran, für die im westlichen Ausland Höchstpreise gezahlt werden.

Vollzogene Abtreibung - was nun?

Beginnen wir, Abtreibung im geschilderten größeren Rahmen zu sehen, so ergeben sich neue Möglichkeiten, Wege aus dem schmerzvollen Trauma zu beschreiten. Es ist ein Hauptanliegen dieses Buches, besonders auch Frauen Lösungswege aufzuzeigen, die unter den Folgen einer vollzogenen Abtreibung zu leiden haben. Verurteilungen können nie weiterhelfen, zumal da sich jeder Mensch insgeheim selber verurteilt und dann im Sumpf des Schuldbewußtseins zu versinken droht. Unsere unbewältigte, unerlöste Vergangenheit holt uns immer wieder ein, wenn wir ihr nicht mutig und mit einem tieferen Wissen um die verborgenen Zusammenhänge begegnen. Das Dritte Reich mag als deutlichstes Beispiel im Sinne des Volkstraumas stehen: In nicht abreißenden Wellen dringt diese Thematik aus den Tiefen vieler Menschen an die Oberfläche des Bewußtseins. Hierbei gilt der Satz, daß nur das Verdrängte, Verschwiegene und Verleugnete sich neu aufdrängen kann. Was aber verarbeitet und erlöst in die Seele integriert worden ist, das stellt kein Thema mehr dar.

Von einer Abtreibung betroffene Frauen brauchen psychotherapeutische Hilfe (und auch eine medizinische Nachbehandlung mit naturheilkundlichen Mitteln, damit Infektionen vorgebeugt und die Ausheilung gefördert wird), um sich dieser seelischen Verletzung stellen zu können. Nicht zudecken und verdrängen, sondern anschauen und ausheilen sind notwendig. Dabei möchte ich hier nochmals folgende Zusammenhänge kurz aufführen:

1. Abgetrieben beziehungsweise vertrieben wurde eine Seele aus ihrem sich bildenden materiellen Leib. Diese Tötung, davon können wir in den meisten Fällen wohl

ausgehen, erlebt die Seele als größte Qual, die sich tief ins Unterbewußtsein einprägt.

2. Wir dürfen annehmen, daß diese Seele aufgrund eigener Seelenprägungen diese schmerzvolle Erfahrung angezogen hat, was natürlich nie ein Grund zur Legalisierung der Abtreibung sein kann. Irdisches Recht oder Unrecht wird immer von einer höheren, uns verborgenen Gerechtigkeit bewirkt und ist für uns nicht berechenbar.

3. Abtreibung an sich stellt die Tötung des Körpers eines Kindes und damit eine Ursachensetzung (»Saat«) dar, deren Folgen (»Ernte«) der beziehungsweise die Urheber (Mutter, Vater, Arzt, Verwandte) zu verantworten haben, um sich der Lieblosigkeit dieser Tat bewußt zu werden.

4. Das Lernziel für alle Beteiligten einschließlich dem Kind lautet, dem Wesen der göttlichen Liebe und Weisheit näherzukommen. Dies vollzieht sich im Laufe der gesamten Menschheitsentwicklung über die Bewußtwerdung des eigenen Wesens (Ich-Bildung) in der Abspaltung von alle dem, was »Nicht-Ich« ist (das »Du«). Das Durchschreiten der Polarität, also der Weg zurück in die Einheit, ist immer mit dem Schuldigwerden und daher mit Leid und Qual verbunden, bis das Gesetz und Wesen der Einheit, (die) LIEBE, bewußt verinnerlicht worden ist.

5. Die Heilung unserer "Polaritätswunden“ kann nur durch die »Liebe der Einheit« bewirkt werden. In unserer Hinwendung zur Geist-Ebene, dem Geistkern in uns allen, vollzieht sich ein heilsamer Bewußtseinswandel. Dieser Wandel will von uns erbeten sein, das heißt er ist im weltlichen Sinne *nicht machbar*. Im Christentum begegnet uns hier die Herzenshinwendung

zu Jesus Christus, der in einmaliger Weise die Überwindung der irdischen Gespaltenheit am Kreuz auf Golgatha vollendet hat. SEINE Geisteskraft kann in uns wirksam werden, um die begangene Lieblosigkeit zu bereinigen.

Wie sehen die notwendigen Schritte aus?

Allein oder mit Hilfe eines Kundigen (Therapeuten) wendet sich die betroffene Frau (der betroffene Vater) an die Seele des abgetriebenen Kindes. Wir können diesen Vorgang als Gebet oder schlicht als Hinwendung bezeichnen. Dabei wird der Geist der vollkommenen Liebe - Gott, so wie jeder Mensch IHN (Jesus Christus) begreift - angerufen und um Führung und Hilfe gebeten. Nur die Kraft dieser Liebe kann Vergebung schenken und Wunden heilen. Diese Liebe ist unzerstörbares, ewiges Leben.

Die Mutter bekennt sich vor der Seele des Kindes zu ihrer Tat und bittet des Kind um Vergebung. Es ist hilfreich, wenn das Kind von den leidvollen Gefühlen und Gedanken seiner Mutter erfährt, um eine neue Sichtweise kennenzulernen. Aufgabe der Mutter aber ist es, das Kind auf seinen weiteren Weg (zunächst) im Jenseits aufmerksam zu machen. Wir können davon ausgehen, daß sehr viele abgetriebene Seelen aufgrund ihrer Unwissenheit oder emotionsgeladener Schmerzzustände und Rachegefühle in der jenseitigen, erdnahen Sphäre feststecken. Sie bedürfen der Aufklärung über ihren Zustand. Jeder Mensch, ob inkarniert oder im Jenseits (in der reinen Seelenwelt), hat wenigstens einen Schutzengel oder Geistführer. Es hängt zu einem Großteil von unser Offenheit ab, wie gut uns dieser Engel helfen kann. Halten wir seine Existenz nicht für möglich, kann er nur sehr schwer in unserem Leben die Dinge zum Sinnvollen, Liebevollen wenden. Glauben wir aber, daß er uns zur Seite steht und uns zum Beispiel rettende Gedanken schenken kann, so wird er gern tätig werden. Unser Glaube und unsere Willensfreiheit entscheiden über den Handlungsspielraum des Engels.

Man fordert daher die jenseitige Seele auf, sich an den eigenen Schutzengel zu wenden und um Weiterführung und Lösung von der Erde zu bitten. Gefühle des Nicht-vergeben-Könnens binden eine Seele immer an den Schuld-Partner. So laufen viele Frauen, die abgetrieben haben, mit der oder den abgetriebenen Seelen oft jahrelang herum. Eine nach einer Abtreibung auftretende Depression - die völlige Gedanken- und Gefühlsleere - ist ein sicheres Anzeichen für einen solchen Umstand. Hier sollte dann dringend im beschriebenen Sinne das Trauma »Abtreibung« von beiden, der diesseitigen wie der jenseitigen Seite, aufgearbeitet werden. Wenn uns klar wird, daß die Seele nicht sterben kann und wir über den Tod hinaus mit den uns nahestehenden Menschen verbunden bleiben, eröffnen sich ganz neue Möglichkeiten der »nachtodlichen Therapie« oder Hilfestellung. Gewiß ist in diesem Bereich die Unwissenheit und Ungläubigkeit der meisten Menschen noch erschreckend groß. Die Erfahrungen einzelner mit der Seelenwelt aber zeigen, wie durchlässig die Trennwand zwischen Diesseits und Jenseits geworden ist. Ein Hauptauftrag lautet, den eigenen Wahrnehmungen (Gedanken und Gefühlen) endlich zu trauen. Ich bin auf diese Zusammenhänge in meinem Buch »Sterben im Zeichen der Wandlung« ausführlich eingegangen.

Schwangeren Frauen und ihren Kindern helfen - Wie und wo?

Wer schwangeren Frauen begegnet, die Hilfe brauchen, der sollte in sich hineinspüren, ob und wie er (sie) helfen kann. Das Leben führt uns immer wieder zu unseren persönlichen Aufgaben, und es erfüllt einen Menschen mit Freude, Frauen und ihren Kindern Unterstützung und Beistand zu schenken. Aus dem Brief, den mir die Vorsitzende einer Hilfsgruppe geschrieben hat, wird dies deutlich:

»Unser Verein, der nun im 9. Jahr tätig ist, kann inzwischen immerhin schon auf rund 300 betreute Frauen zurückblicken, von denen sich nur zwei gegen ihr Kind entschieden haben. Es gibt viele Geschichten, die zunächst sehr traurig aussehen, aber eines Tages geschieht eine Wandlung, so daß die betroffene Frau rundum glücklich ist mit ihrem Kind. Ich könnte Ihnen seitenlang berichten über viele positive Erlebnisse, die uns motivieren, unseren Weg weiterzugehen.«

Viele private und vereinsmäßig organisierte Hilfsaktionen haben sich gebildet, die Kindersachen sammeln und verteilen, bei Wohnungsrenovierungen mithelfen, rechtliche Auskünfte erteilen (Behördenfragen etc.), Finanzhilfen geben und vor allem seelsorgerliche Gespräche führen. Die größeren Gruppen sind hier genannt:

»Aktion Lebensrecht für alle e. V. « (kurz »ALFA«):
bundesweit organisiert; Büro Bonn, Bornheimer Str.90,
53111 Bonn ; Telefon: 0228-65 64 81 / Fax: 69 62 16
Geschäftszeiten: Mo.-Fr. 9.00-16.00 Uhr
Geschäftsstelle Augsburg, Ottmarsgäßchen 8,
86152 Augsburg; Telefon: 0821-512031 / Fax: 15 64 07
Geschäftszeiten: Mo.-Fr. 8.30-13.00 Uhr

»Aktion Leben e.V.«
Hohbergstr. 38, 69518, Absteinach /Odw.

»Aktion Lebenschance«
Steinfelder Gasse 9, 50670 Köln

»Europäische Ärzteaktion e.V.«
Postf. 1123, 7900 Ulm

»Hoffnung für das Leben e.V.«
Im Rehwinkel 12, 59174 Kamen

»Pro Vita - Freikirchliche Initiative für das Leben«
Hermann-Löns-Park 6, 30559 Hannover

»Juristen-Vereinigung Lebensrecht e.V.«
Postf. 100 665, 5000 Köln 1; Tel. 0221-13 44 78

»Christdemokraten für das Leben«
Haus Laer, 59872 Meschede; Tel. 0291-6681

»Helferkreis für werdende Mütter in Bedrängnis e.V.«
Postfach 1201, 79199 Kirchzarten; Tel. 07661-3096

»Hilfe für Schwangere in Norddeutschland e.V.«
Postfach 30 24 63, 20308 Hamburg;
Tel. 040-710 76 68

Schlußbetrachtung

Alle nur möglichen Lebenssituationen dienen uns Menschen zum Wachsen und Reifen in der Liebe und der Weisheit. Wir sollten kein Thema ausklammern, tabuisieren oder verteufeln. Ich habe in diesem Buch meine persönliche Sichtweise aufgrund eigener Erlebnisse dargestellt. Dieses Mitteilen von Erfahrungen befähigt uns, neue Lebensperspektiven zumindest einmal gedanklich einzunehmen. Wie fühlt sich eine Frau, die ihr Kind hat abtreiben lassen? Was erlebt das abgetriebene Kind? Eine unmögliche, unzulässige Frage? Kann nicht sein, was nicht sein darf, weil wir es nicht wollen? Ich erlebe immer wieder, um wieviel lebendiger und reicher mein Leben mit jeder neuen von mir zugelassenen Frage wird. Unsere Fragen - die wesentlichen Lebensfragen - sind unsere Lebenschancen!

Ich weiß nur zu gut, daß ein jeder Mensch seinen Weg gehen muß und gehen darf, ganz gleich, wie schmerzvoll er auch ist oder sein wird. Daher will dieses Buch nicht missionieren, sondern nur als Angebot einer anderen, sicherlich ungewöhnlichen Sichtweise verstanden sein. Sich auf dieses Angebot einzulassen, also zu lauschen, auf daß sich ein Wandel im Menschen vollziehe, dazu möchte ich Mut machen. Dieser Wandel stellt einen Bewußtseinssprung dar, der uns die Schönheit und Klarheit der göttlichen Schöpfung erfahrbar macht. Wir atmen auf und spüren die Freiheit, die aus der Verantwortung für uns und die Welt entspringt. Wir erkennen das schöpferische Potential, mit dem wir am und im Ganzen wirken. Und das schafft Freude.

Literaturempfehlungen

Über den allgemeinen Buchhandel erhältlich:

»Abtreiben? - Fragen und Entscheidungshilfen«
Lothar Gassmann, Ute Griesemann (Christiana-Verlag)

»Rohstoff Mensch - Embryohandel und Genmanipulation«
Roland Rösler (Christiana-Verlag)

Informationsmaterialien der »Aktion Lebensrecht für Alle e.V.«, anfordern bei:
ALFA, Bornheimer Str. 90, 53111 Bonn

Einige Bücher des LIER-VERLAGS sind auf den letzten Seiten dieses Buches dargestellt. Bitte fordern Sie den aktuellen kostenlosen Prospekt an:
LIER-VERLAG, Jochenmattweg 22, 76532 Baden-Baden
Telefon: 07221-18 03 98;
Telefax: 07221-18 03 99

Quellennachweis

Lothar Gassmann / Ute Griesemann »Abtreiben? - Fragen und Entscheidungshilfen« Christiana-Verlag,
1. Auflage 1985: 1. - 10. Tausend;
A1: Seite 22 bis 26
A2: Seite 72

Über den Autor

Reinhard Lier, Jahrgang 1960, stammt aus Bad Sachsa am Süd-Harz. 1980 Abitur in Itzehoe, Schleswig-Holstein. Ein Sohn (Jahrgang 85) und eine Tochter (Jahrgang 86) aus erster Ehe, die beide beim Vater leben. Von 1982 bis 1985 dreijährige Ausbildung an der Norddeutschen Heilpraktiker Fachschule D.H.e.V. in Hamburg. Seit 1987 Vortragsreisen von Hamburg bis Wien und Südtirol. Die Tätigkeit verlagerte sich mehr und mehr in den Bereich der christozentrischen Psychotherapie.

Ab November 1993 Praxis und Verlag in Baden-Baden, Jochenmattweg 22. Es werden Vorträge und Selbsterfahrungskurse abgehalten. Nähere Informationen sowie den Verlagsprospekt bitte direkt anfordern.

Sterben im Zeichen der Wandlung

Ca. 100 Seiten, kartoniert, DM 14,80 /SFr. 13,50 /ÖS 104.-

Zwei Leseproben:

Versuchen wir, uns in die Situation des Sterbenden hineinzufühlen, so könnte seine letzte Bitte an uns folgendermaßen lauten:

»Wenn ich nun meinen letzten Weg zu gehen habe, dann laß mich bitte nicht allein. Halte meine Hand und sei einfach da. Du mußt mich nicht unterhalten, verkrampft nach Gesprächsthemen suchen. Selbst wenn du schweigst, hilft deine Nähe. Und wenn ich nicht mehr sprechen kann, ja vielleicht sogar im Koma liege, dann glaube nicht, daß ich dich nicht mehr hören kann. Ich höre, erfühle und brauche dich!

Und wenn wir miteinander sprechen, dann bitte ehrlich und offen. Du darfst auch deine Hilflosigkeit und Angst eingestehen. Nur bitte kein Theaterspiel, nichts Künstliches. Laß uns zum Wesentlichen kommen, wenn ich endlich den Mut dazu gefunden habe.

Trage mit mir mein Kreuz, jene Krankheit und Seelennot, die mein irdisches Ende bedeuten, und schöpfe alle Möglichkeiten aus, meine Schmerzen zu lindern. Ertrage bitte meine Wut und Traurigkeit, die Ausdruck meiner Ohnmacht sind. Ich möchte dich nicht verletzen, wenn ich verzweifelt mit dem Tode ringe und dich um deine Lebenskraft beneide. Sei geduldig mit mir, denn der Weg bis zum »Ja, ich bin einverstanden« ist hart und weit. Laß ihn uns gemeinsam gehen! ...

Die Seele befindet sich jetzt im Lichte der Liebe, wo aller Egoismus, alle Unwahrheit, alles bis dahin seelisch Verborgene sichtbar wird. Dies ist bei einer lieblosen Vergangenheit ein sehr schmerzvoller Zustand, denn die aufsteigenden Reue- und Schuldgefühle brennen in der Seele wie ein reinigendes Feuer. Die katholische Glaubenslehre spricht vom »Fegefeuer«, der Reinigung der Seele. Sie beschreibt damit einen seelischen Zustand. Liebe wird symbolisch auch als Flamme dargestellt, die das Unreine läutert.

Dr. Moody interviewte im wesentlichen »normale Bürger«, die keinen anderen Menschen umgebracht oder sonst irgendwie übergroße Schuld auf sich geladen hatten. Sie berichteten fast nur von angenehmen Todesnähe-Erlebnissen. So einfach, schön und wunderbar liegen die Dinge allerdings nicht immer. Vereinzelt wurden auch wiederbelebte Selbstmörder befragt, die im Jenseits sehr unangenehme Seelenzustände erlitten. Ihnen wurde schnell klar, daß Selbstmord nur Flucht vor irdischen Aufgaben bedeutet. Im Jenseits lasteten die ungelösten Probleme und vor allem die Verantwortung für das weggeworfene Leben schwer auf ihnen.

In meiner Welt ist alles Gegenwart,
und was sich bei dir auf Erden
in einem Anfang schmerzlich offenbart,
das ist bei mir bereits vollendet,
denn in dem einen Samenkorn
schau ich zugleich die ganze Ähre.
Das Stirb und Werde,
für mich ist`s **eine** heilige Bewegung,
und die heißt Sein.

Höre die Stimme der Stille

Ein Meditationsbuch über Engel in Wort und Bild
von Dagmar Ruth Becher und Reinhard Lier

LIER VERLAG

Augenblicke des Erwachens

176 Seiten, Hardcover, DM 32.- /SFr. 29.- /ÖS 225.-

Zwei Leseproben:

Wahrnehmung und *Annahme* heißen die beiden schwersten Aufgaben, die den Prozeß der Verwandlung des Menschen ausmachen. Erkenne den häßlichen Frosch, das Ungeheuer in dir, und hab es lieb! Das Märchen vom *Froschkönig* zeigt so wunderbar, worum es geht. Jeder "Frosch" in uns birgt einen verwunschenen Prinzen, enthält ein schöpferisches Potential, das auf seine Freisetzung wartet. Unser verkopftes Tagesbewußtsein schaut den Frosch höchstens aus der Distanz an und behauptet, mit ihm nichts zu tun zu haben. Dabei ist *er* es im Märchen, der die verlorene goldene Kugel aus dem unergründlichen Brunnen hochholt. Wir alle haben unsere goldene Kugel, ein Symbol der Unschuld und Einheit, verloren. Es ist die Aufgabe des Ungeheuers in uns (eben dessen, was uns »ungeheuerlich« erscheint!), diese goldene Kugel zurückzugewinnen. Bis wir erfahren: Das Ungeheuer, das bin auch ich! Und nur die bewußte Vereinigung mit diesem fehlenden Anteil meines Wesens kann mich zur Einheit mit dem Leben zurückführen. Die Vereinigung mit jenem Schattenwesen aber kann allein durch das geschehen, was erbeten sein will: *Liebe*.

Schauen wir uns einige Denkschablonen, die sich oft auch in frommen Programmen (Idealen) verstecken und dann die Rolle bilden, die wir spielen wollen, genauer an:

1. Das **Wohltäter-Programm** besagt so viel wie: "Ich bin der gute Helfer für die notleidende Menschheit, ich weiß genau, was euch allen gut tut und werde es euch geben." (Und sei es auch mit subtiler Gewalt! - der sog. »Überzeugungstäter«.) Mit Missionseifer geht der Mensch hier in den Kampf gegen Not und Teufel, ohne dabei die eigenen Kräfte (Grenzen) zu schonen. »Vergewohltätigung« empfinden dabei oft die Opfer solcher Helfer. Wir kennen dieses krankhafte Helfenmüssen um jeden Preis heute unter dem Begriff des »Helfersyndroms«. Meist sind es Menschen in den sogenannten Helferberufen wie Arzt, Psychotherapeut, Heilpraktiker, Krankenschwester und Pastor. Vor uns steht der "hilflose Helfer", der, wenn er Stille und Nichtstun aushalten müßte, mit den eigenen Seelenschmerzen konfrontiert würde. Die Helfer- oder Arbeitssucht aber überdeckt ständig alle Gefühle der Unstimmigkeit. Das zwanghafte Gut-sein-Wollen und "der Kampf mit der Finsternis" verschärfen den spannungsgeladenen eigenen Konflikt.

Aus dem Inhalt:

Dem Leben begegnen <> Körper, Seele, Geist <> Denken, Fühlen, Wollen <> Sieben fundamentale Erfahrungen <> Ich spüre, daß etwas nicht stimmt <> Die Sache mit der Bombe <> Sucht im Zeichen der Suche <> Und mich gibt es auch noch <> Gottesbild und Gotterfahrung <> Individuum und Gruppe - Zur Frage geistiger Autorität <> Liebe deinen Nächsten <> Liebe und ihr Offenbarwerden in Seele und Körper <> Meditation <> Beten und arbe(i)ten <> Die Basis der Meditation: ein lebendiger Leib <> Ich und die Welt <> Untergang heißt Wandlung

Reinhard Lier

Augenblicke des Erwachens

Wahrnehmungen auf dem Weg
in die Liebe

LIER VERLAG